«Lo confieso, nu~~~~~~~~~~~~~~~~~~~~~~ productividad. El tema de la planificación, las agendas, las metas y todo lo relacionado me es tan atractivo como lo es para un niño pequeño ir al médico para las vacunas. Soy la clásica improvisadora que ha tenido que instaurar por pura necesidad ciertas rutinas y anotar en el calendario los sucesos importantes para servir mejor a Dios y a mi familia. ¡Cuánto me hubiera servido leer este pequeño tesoro hace 20 años! Amo la sencillez con la que Ana entrelaza el evangelio en cada página y nos deja claro que "la productividad no se trata de lograr, se trata de amar". Terminé este libro segura de que Dios me acepta por el desempeño perfecto de Cristo y de que al aceptarlo y crecer en asombro ante esa verdad, derramaré mi amor hacia él y se notará en mi uso del tiempo».

Aixa de López, autora de *Para siempre: Lo que la adopción nos enseña sobre el corazón del Padre.*

«En *Aprovecha bien el tiempo*, Ana Ávila nos provee una definición más precisa de lo que es ser productivo, la motivación adecuada para impulsarnos a hacerlo, y una variedad de herramientas prácticas para crecer no solo por nuestro propio bien, sino también por el bien de los demás. Lo hace de una manera igualmente profunda en su teología como sencilla en su aplicación. Espero que todos lo leamos para aprender a administrar cada vez mejor el recurso más valioso que tenemos: el tiempo».

Cole Brown, autor de *El evangelio es: Definiendo el mensaje más importante del mundo.*

«Mucha literatura sobre la productividad carece de introspección personal, enfocándose más en las tareas que en los motivos. Ana Ávila nos ofrece un tesoro que no solo nos ayuda con las prácticas de la productividad, sino que también nos lleva a reflexionar sobre los porqués de nuestra productividad. Ana nos recuerda que la productividad es primero un asunto de nuestro amor por Dios y el prójimo. Si no logras enfocarte en lo que debes, este libro es para ti. Si piensas que la productividad es simplemente "hacer mucho", este libro es para ti. Si piensas que la productividad no es importante para Dios, este libro también es para ti. Este libro es para toda persona que quiere hacer buen uso de su vida para la gloria de Dios y el amor al prójimo».

Justin Burkholder, autor de *Sobre la roca:*
Un modelo para iglesias que plantan iglesias.

«Los sabios siguen buenos consejos, mientras los necios dicen cosas que luego no cumplen. Yo doy gracias a Dios por la sabiduría que le ha dado a Ana, porque ella no solo ha sabido escuchar buenos consejos, sino que además los ha puesto en práctica. Y ahora, con humildad y habilidad, ha escrito una obra que es lectura sugerida (¡por no decir obligatoria!) para los cristianos que quieren cumplir con la voluntad de Dios en sus trabajos y su cotidianidad.

Sin embargo, hay algo más, siento que este libro puede ser de vital ayuda para las iglesias y ministerios que quieren honrar a Dios con los resultados medibles del servicio a Cristo. Por supuesto, las cosas que hacemos son secundarias a lo que somos, pero como Ana nos muestra en esta obra: si queremos glorificar a Dios con todo lo que somos, buscaremos ser sabios en todo ló que hacemos.

Que Dios levante más autores que sirvan a la iglesia, y ya anhelo leer lo próximo que salga de la pluma de Ana».

Jairo Namnún, director ejecutivo de Coalición por el Evangelio

APROVECHA
BIEN
EL TIEMPO

ANA **ÁVILA**

APROVECHA
BIEN
EL TIEMPO

Una guía práctica para honrar
a Dios con tu día.

GRUPO NELSON
Desde 1798

NASHVILLE   MÉXICO D.F.   RÍO DE JANEIRO

Para Uriel

Editora en Jefe: *Graciela Lelli*
Edición de contenido: *José Mendoza*
Edición de estilo: *Liana García*
Diseño: *Grupo Nivel Uno, Inc.*

ISBN: 978-1-40022-317-6

Impreso en Estados Unidos de América
HB 04.02.2024

CONTENIDO

PARTE I: EL FUNDAMENTO

PARTE II: LOS PRINCIPIOS

PARTE III: LA PRÁCTICA

PARTE I

EL FUNDAMENTO

1

UN LLAMADO PARA TODOS

«Ya sea que coman o beban o hagan cualquier otra cosa, háganlo todo para la gloria de Dios».

1 Corintios 10:31

Mi «crisis del cuarto de siglo» llegó un poco antes de lo esperado. Tenía veintitrés años y estaba segura de una sola cosa: yo era un fracaso. Mirando el techo de mi habitación con lágrimas en los ojos, pensé en todas aquellas personas que a mi edad ya habían cambiado el mundo: Blaise Pascal inventó la calculadora mecánica a los diecinueve años. Mozart compuso su primera pieza musical a los cinco años. Tras educarse a sí misma usando los libros de su abuelo, Sor Juana Inés de la Cruz era reconocida por su filosofía ya en su adolescencia. ¿Y yo? ¿Qué tenía para demostrar que mis más de dos décadas en el planeta no habían sido un desperdicio de tiempo y espacio? Absolutamente nada.

Quizá te identifiques con el sentimiento: trabajas todo el tiempo, pero sientes que nunca *lo logras*. No llega el Premio Nobel. Tu cuenta bancaria da un poco de pena. Sigues todas las instrucciones y la soltería no quiere soltarte.

O tal vez te encuentras en el otro extremo. Nunca has pensado demasiado en lograr grandes cosas. Enfrentas la vida conforme va llegando. Los planes no son lo tuyo; de repente miras a tu alrededor y te preguntas: «¿Cómo llegué aquí? Seguramente tiene que haber algo más que ir flotando por la vida».

En este libro descubriremos que sí; hay mucho más para nosotros que simplemente ir flotando por la vida. Pero también descubriremos que ese algo más es muy diferente a lo que solemos esperar. Nuestras vidas no son valiosas por todas las cosas que logramos; nuestras vidas son valiosas por todas las cosas que Dios ha logrado a nuestro favor. Una vez que comprendemos eso, somos libres para ser verdaderamente productivos.

¿QUÉ ES LA PRODUCTIVIDAD?

En la formidable sátira *Cartas del diablo a su sobrino*, C. S. Lewis nos advierte lo siguiente: «En lo que se refiere a los diablos, la raza humana puede caer en dos errores iguales y de signos opuestos. Uno consiste en no creer en su existencia. El otro, en creer en los diablos y sentir por ellos un interés excesivo y malsano».[1] Esta clase de errores —los errores iguales y opuestos— son los favoritos del ser humano en prácticamente todos los asuntos de la vida, incluyendo el de la productividad.

Durante mi crisis del cuarto de siglo caí en uno de los extremos. Creí que no estaba siendo productiva (o que mi productividad no servía de nada) porque no estaba logrando «grandes cosas». Me ponía una meta, convencida de que al alcanzarla me convertiría en la persona que soñaba ser. Pero siempre sucedía uno de dos desenlaces: o no alcanzaba mi objetivo y me derrumbaba, o lo alcanzaba y me daba cuenta de que no era suficiente... tenía que lograr algo más.

En el otro extremo tenemos a aquellos que piensan que la productividad es irrelevante. Consideran que su vida les pertenece y que por eso pueden hacer lo que quieran cuando quieran, sin que nadie se los reproche. Se enfrentan a lo que viene cuando viene... y si no quieren enfrentarse con nada, no lo hacen y ya.

El problema central es que tenemos una idea equivocada de lo que significa ser productivo. La productividad es un concepto que viene de las ciencias económicas, y se refiere a la eficiencia de la producción de un sistema. Es la relación entre la cantidad de productos que se obtienen y la cantidad de recursos que se invierten. Al utilizar esta palabra para describir el manejo del tiempo y la organización, hemos llegado a pensar que la buena productividad personal significa simplemente hacer muchas cosas en poco tiempo.

Podríamos intentar deshacernos de esa palabra, pero es muy probable que no tengamos éxito en el futuro cercano. Por ahora bastará con entender la productividad de manera diferente. Me gusta cómo Tim Challies define el concepto en su libro *Haz más y mejor*: «La productividad consiste en administrar de manera eficiente tus dones, talentos, tiempo, energía y entusiasmo para el bien de otras personas y para la gloria de Dios».[2]

Yo lo resumiría así:

LA VIDA PRODUCTIVA ES UNA VIDA QUE BUSCA HONRAR A DIOS CON TODO LO QUE TIENE.

Esto quiere decir que la productividad no es solo para grandes ejecutivos con siete reuniones diarias en su agenda o para estudiantes abrumados por la carga de trabajo de la universidad. La vida productiva es para ellos y también para la ama de casa con tres niños pequeños y días impredecibles; para el abuelito jubilado que no está muy seguro de qué hacer con su tiempo; para la enfermera que trabaja largos turnos y vive un día a la vez; para el conserje que lleva quince años limpiando el mismo edificio. La productividad es para todos, porque todos tenemos dones, talentos, tiempo, energía y entusiasmo. Una persona productiva es alguien que toma todos los recursos que tiene (sin importar si son muchos o pocos, o si son reconocidos o despreciados) y busca utilizarlos para cumplir el propósito para el cual fue puesta en la tierra.

❧ ❧ ❧

Una taza es una buena taza solo en la medida en que cumple el propósito para el que fue diseñada: retener líquido para beber. Podemos decir algo similar acerca del ser humano. Las personas viven una buena vida, una vida productiva, solo en la medida en que cumplen el propósito para el que fueron diseñadas. Esta verdad es intuitiva para la mayoría de las personas. Sin importar quiénes son y de dónde vienen, todos se han preguntado alguna vez: «¿Por qué estoy aquí?». La pregunta más común para los niños es: «¿Qué quieres ser de grande?». La idea de que estamos en la tierra por una buena razón y que tenemos un propósito que cumplir está fuertemente arraigada en el corazón de los seres humanos. El problema surge cuando no sabemos cuál es esa buena razón ni cómo encontrar nuestro propósito. Vagamos por la vida inclinándonos de manera irremediable hacia uno de los dos extremos de la falsa productividad: trabajar con frenesí por razones equivocadas o ser pasivamente arrastrados por las circunstancias.

Esta hambre de propósito no está en nosotros por casualidad. El deseo de saber por qué estamos aquí apunta al hecho de que existe alguien que puede ofrecernos la respuesta. Como la criatura de Mary Shelley, buscamos con desesperación a nuestro hacedor. Afortunadamente, a diferencia de Víctor Frankenstein, el Creador no se esconde de nosotros con repugnancia. Él se ha revelado y nos ha mostrado mucho acerca del propósito por el cual nos creó.

LA HISTORIA DE LA PRODUCTIVIDAD
DESDE UNA PERSPECTIVA CRISTIANA

Cuando pensamos en la productividad desde una perspectiva cristiana, lo primero que podría venir a nuestra mente son los proverbios. Este libro que ofrece sabiduría está lleno de advertencias sobre la pereza y exhortaciones a trabajar con diligencia. Y claro, leer Proverbios nos puede dar muchas ideas sobre cómo vivir una vida que honra a Dios aprovechando bien el tiempo. Sin embargo, es un error pensar que este es el único lugar de la Escritura que transmite sabiduría con respecto a la productividad. Si ponemos atención, nos daremos cuenta de que toda la historia de la Biblia nos informa sobre cómo podemos vivir para honrar al Dios que nos hizo.

Creados para crear

> «Dios, en el principio,
> creó los cielos y la tierra». (Génesis 1:1)

¿Por qué existe todo en vez de nada? Esa es una de las preguntas más importantes que el ser humano se ha hecho desde el principio de la historia. La Escritura nos revela la respuesta en su primera línea: porque Dios, en el principio...

Un ser que está fuera del espacio y del tiempo —inconcebiblemente libre de las ataduras de las leyes de la física— habló. Y el mundo fue.

Dios, en el principio, creó todo. Y lo creó todo perfecto. Él hizo un jardín en el que colocó dos jardineros hechos a su imagen para cuidarlo; para hacerlo crecer y prosperar. Hombre y mujer, les dio todo lo que necesitaban para vivir en comunión con él, siendo plenos mientras cumplían su propósito de crear, porque fueron hechos a la imagen del Creador.

Sin embargo, para los jardineros esto no fue suficiente. A pesar de que tenían trabajo que hacer —y todo lo necesario para hacerlo bien— decidieron desviar su mirada hacia lo prohibido. Decidieron cuestionar al Creador y, en lugar de administrar la creación conforme a Su voluntad, decidieron usarla a su antojo.

Adán y Eva comieron de aquel fruto, le dieron la espalda a Dios. Y murieron. Fueron expulsados del jardín, el lugar que habían sido creados para cuidar. Lo que antes habría sido un gozo perfecto, ahora costaría sudor, sangre y lágrimas. Llenar la tierra y hacerla florecer no sería nada fácil, pero seguiría siendo su trabajo.

Nosotros hemos seguido su ejemplo. En cada oportunidad que tenemos le damos la espalda a Dios. Agitamos nuestro puño hacia el cielo, desafiándolo y diciendo que nuestra manera de hacer las cosas es mejor. No lo hacemos comiendo frutos prohibidos, sino mintiendo, codiciando, envidiando... desperdiciando nuestras vidas en lugar de vivir reflejando el carácter de aquel que nos hizo.

Aunque distorsionada por el pecado, la imagen que Dios colocó en los seres humanos sigue en nuestros corazones. De manera imperfecta y en un mundo imperfecto, creamos para mostrarle al mundo quién es el Creador. Cuando un abogado defiende al inocente, está mostrando la justicia de aquel que define lo bueno. Cuando una madre arrulla a su hijo, refleja el cuidado del Padre perfecto. Cuando un conserje limpia una habitación, expresa que el Dios que diseñó el universo es un Dios de orden. Cada labor, remunerada o no, visible o privada, es una oportunidad de hacer resplandecer en el mundo la imagen de aquel que lo creó y lo sostiene.

Así que todavía tenemos una misión. De hecho, tenemos dos.

Alcanzados para alcanzar

> «Por tanto, vayan y hagan discípulos de todas las naciones...». (Mateo 28:19)

Dios no iba a dejar las cosas como las encontró en Génesis 3. Él nos quiere de vuelta en el jardín. Pero, ¿cómo podría un Dios completamente perfecto permitir a seres tan impuros como nosotros de vuelta en su presencia? Así como la oscuridad no puede permanecer junto a la luz, nuestra maldad es incompatible con la fuente de todo lo bueno. El justo no puede barrer el pecado debajo de la alfombra y pretender que no está ahí.

Solo había una solución. Dios hizo lo impensable: tomó forma de hombre y vino a caminar entre nosotros. Él lo hizo para mostrarnos cómo se ve un ser humano cuando refleja perfectamente su imagen. Aún más, mostrando su perfecto amor y justicia, Jesús murió en una cruz para cargar con la culpa que nos pertenecía. Nosotros jamás hubiéramos podido saldar la deuda de pecado que teníamos con el Creador. Él mismo lo hizo. La justicia se cumplió y la oscuridad fue disipada de los corazones de aquellos que se arrepienten de su maldad y abrazan lo que Jesús hizo en la cruz como lo único que puede salvarlos. Cristo es el único que puede ponernos en el lugar correcto delante de Dios. Él es el único que puede llevarnos de vuelta al jardín.

Hoy seguimos llenando la tierra y haciéndola florecer. No obstante, mientras trabajamos, también proclamamos el nombre de aquel que se entregó a nuestro favor y nos enseñó a caminar en la verdad; a caminar en él. Mientras cultivamos el mundo que Dios nos entregó, hacemos discípulos de todas las naciones. Fuimos alcanzados por Dios para poder alcanzar a otros. Fuimos salvados para salvar. Esa es nuestra nueva misión. Cada creyente debe vivir cumpliendo esta tarea, desde la anciana intercediendo en lo secreto, hasta el pastor predicando detrás del púlpito. Desde el padre leyendo la Biblia a su pequeño, hasta las amigas llorando juntas el dolor de una pérdida.

Por el simple hecho de que fuimos reconciliados con Dios ahora podemos decirle al mundo entero que se reconcilie con él. Y andaremos en esa misión hasta que nuestro Señor regrese en gloria y renueve este mundo quebrantado por el pecado; hasta que él haga nuevas todas las cosas y restaure el jardín en el que le adoraremos por la eternidad. Trabajando por la eternidad.

Servidos para servir

«Porque ni aun el Hijo del hombre vino para que le sirvan, sino para servir y para dar su vida en rescate por muchos». (Marcos 10:45)

No sé si sea culpa de nuestra familiaridad con la imagen del Jesús carpintero y en sandalias. Pero hemos perdido el asombro. Nos emocionamos con la idea de que una celebridad le dé «me gusta» a uno de nuestros tuits y pasamos el día sin pensar ni por un instante que el Dios del universo, el ser supremo, el que es eternamente dichoso en sí mismo, el que no necesita de nada ni nadie, el que creó las estrellas y puso en su lugar a los planetas, se hizo hombre. Vino a nuestra casa. Y no vino a nuestra casa a reclamar honra (aunque bien lo pudo haber hecho). Vino a nuestra casa a servir.

Cuando pensamos en ser productivos, servir es quizá lo último en nuestra mente. Queremos ser productivos para alcanzar la cima corporativa y profesional. Tal vez queremos ser productivos para que muchas personas conozcan nuestro nombre, o queremos ser productivos para tener dinero y comprar ese auto con el que siempre hemos soñado. Pero eso no es lo que hizo Jesús. Dios mismo dejó su gloria para pasearse entre nosotros y ofrecerse a nuestro favor hasta la muerte. Trabajó con diligencia por décadas bajo la autoridad de un hombre que él mismo creó, en un pequeño taller, en una pequeña ciudad, en un pequeño país, sin que nadie lo reconociera. Invirtió su vida trabajando con doce hombres que no tenían mucho que ofrecer; un grupo que incluía traidores, mentirosos, incrédulos, cobardes... y un par de hermanos que se creían dignos de sentarse al lado del soberano Señor de la gloria.

Sin embargo, Jesús derrumbó sus sueños con rapidez. Les explicó que en su reino las cosas funcionan al revés. Los grandes sirven. Los primeros son esclavos de todos. Las personas verdaderamente productivas son siervas.

Así como Dios nos mostró su carácter creador y nos invitó a crear —tal como nos mostró su ser salvador y nos invita a ser parte de su plan para salvar—, también revela su corazón de siervo y nos llama a servir. Servimos cuando preparamos una comida para nuestra familia. Servimos cuando, a pesar de lo agotadora que fue la semana, ayudamos a nuestro vecino a mudarse de casa.

Servimos cuando invertimos nuestro tiempo enseñándole a un niño que está batallando con las matemáticas. La necesidad a nuestro alrededor nunca termina. Los cristianos somos llamados a reconocerla, a extender nuestras manos y reflejar el carácter del Dios que cuida de los suyos con amor y humildad.

Esta es la historia de un Dios creador, salvador y siervo. Es la historia del evangelio. Es la historia de la que él nos invita a ser parte, buscando aprovechar al máximo todo lo que tenemos para reflejar su gloria.

EL EVANGELIO TRANSFORMA NUESTRA PRODUCTIVIDAD

Ser productivo es abrazar la realidad de lo que Dios hace en nosotros y responder en adoración a través de nuestro trabajo y nuestro reposo.

Lo que Dios hace

El cristianismo no enseña que debemos hacer muchas cosas para estar en paz con Dios. Todo lo contrario. Hacemos cosas porque, a través del sacrificio de Jesús, estamos en paz con Dios. El veredicto ya ha sido dado. Con esta confianza podemos buscar tener una vida productiva, sabiendo que incluso si fallamos estrepitosamente, hay gracia de parte de Dios para seguir adelante. Matt Perman lo resumió así: «La única manera de ser productivo es darte cuenta de que no necesitas ser productivo».[3] La persona verdaderamente productiva no busca ser productiva para descubrir su propósito, sino que es productiva porque ya ha encontrado su propósito en Dios y ahora quiere vivirlo.

Esto cambiará la manera en que vemos nuestros éxitos y nuestros fracasos. Las victorias no me enaltecen, porque sé que separado de Dios no soy nada. Las derrotas no me derrumban, porque sé que mi valor está en Jesús y no en mi desempeño.

Lo que yo hago

Dios es Dios y no nos necesita, pero aún así se deleita en hacernos parte de su plan. Él usa nuestros esfuerzos para cumplir sus propósitos. Desde la creación, él nos ha llamado a trabajar. Aunque pudo haber hecho un mundo en donde los frutos brotaran sin esfuerzo, nos llamó a labrar la tierra. Y al mismo tiempo, Jesús enseñó a descansar en que el Padre alimenta a las aves del cielo y nos alimentará a nosotros también. La productividad es una paradoja. Es trabajar y es reposar.

Eso cambiará la manera en que veo mis actividades del día a día. Puedo trabajar duro sabiendo que Dios usa cada esfuerzo. Puedo descansar tranquilo sabiendo que el resultado final está en las manos del Señor.

Es imposible permanecer en el centro de la productividad todo el tiempo. Somos muy propensos a vagar. Algunos tendemos a trabajar sin descanso para probar nuestro valor. Otros nos deslizamos hacia la pereza y nos dejamos llevar por las corrientes de la vida. Lejos de permanecer centrados en la identidad que el evangelio nos ofrece, muchos nos

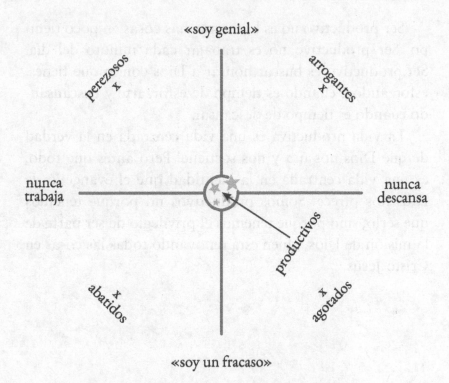

sentimos en la cima del mundo cuando las cosas van bien, y nos sentimos la peor basura cuando todo sale mal.

Aunque es difícil determinar en qué punto del gráfico nos encontramos, puede ser útil regresar a la ilustración con regularidad para evaluar cómo estamos viviendo la misión que Dios nos ha dado. ¿Estamos cumpliendo nuestras responsabilidades con diligencia? ¿Estamos descansando tranquilos en que, al final de todo, Dios es soberano y utiliza nuestros esfuerzos como él quiere? Si tenemos éxito, ¿creemos que es por nuestros méritos? Si fracasamos, ¿estamos recordando que nada nos puede quitar toda bendición espiritual que nos ha sido dada en Jesús?

Ser productivo no es hacer muchas cosas en poco tiempo. Ser productivo no es trabajar cada minuto del día. Ser productivo es buscar honrar a Dios con lo que tienes, esforzándote cuando es tiempo de esforzarte y descansando cuando es tiempo de descansar.

La vida productiva es una vida centrada en la verdad de que Dios nos usa y nos sostiene. Pero antes que todo, es una vida centrada en la identidad que el evangelio de Dios nos ofrece. Somos productivos no porque tenemos que serlo, sino porque tenemos el privilegio de ser parte de la misión de Dios, quien está renovando todas las cosas en Cristo Jesús.

PARA REFLEXIONAR:

1. ¿Qué pensabas de la productividad antes de leer este capítulo? ¿Cómo ha cambiado tu perspectiva?

2. ¿En qué cuadrante de la productividad te encuentras? ¿Qué parte de la historia del evangelio debes recordarte continuamente para acercarte al centro de la verdadera productividad?

3. ¿Cómo cambiaría tu vida si siempre buscaras acercarte al centro de la verdadera productividad?

PARA ACTUAR:

* Empieza a incluir la productividad en tu vida devocional. Cuando leas la Biblia, pregúntate: ¿cómo es que aplicar esto me lleva a honrar más a Dios donde estoy y con lo que tengo? Cuando ores, pide sabiduría a fin de hacer incluso las cosas más sencillas para la gloria de Dios (1 Corintios 10:31).

2

POR AMOR A DIOS
Y A LOS DEMÁS

«*"Ama al Señor tu Dios con todo tu corazón, con todo tu ser y con toda tu mente"* [...] *Este es el primero y el más importante de los mandamientos. El segundo se parece a este: "Ama a tu prójimo como a ti mismo". De estos dos mandamientos dependen toda la ley y los profetas*».

MATEO 22:37-40

Mirando hacia atrás, no me sorprende haber estado completamente decepcionada de mí misma durante mi crisis del cuarto de siglo. En mi cabeza resonaba un eco que me seguía desde pequeña: *Puedes lograr grandes cosas. ¡Cambiarás el mundo!* Esa voz me impulsaba y me aterraba al mismo tiempo. Me mostraba todo lo que podía alcanzar y después me humillaba porque estaba lejos de conseguirlo.

Muchos estamos familiarizados con esa voz. Para algunos, las palabras han cambiado: *Pudiste haber logrado grandes cosas. Pudiste haber cambiado el mundo. ¡Pero mírate!* Nuestra vida es tan distinta a lo que esperábamos que ya hemos dejado de luchar. Venga lo que venga, ¿qué más da?

Esa voz interior no está completamente equivocada. Es cierto que podemos lograr grandes cosas y cambiar el mundo. Todo ser humano tiene esa capacidad, desde el nacimiento hasta el día de su muerte. El problema es cómo definimos «grandes cosas» y «cambiar el mundo». Usualmente estas frases nos hacen pensar en riqueza económica, fama, grados académicos o viajes internacionales. Pocos admitirán que ese es su concepto de grandeza, pero nuestra vida cotidiana lo revela: perseguimos las recompensas materiales o los reconocimientos sociales, y nos derrumbamos cuando no los conseguimos. Miramos a nuestro vecino con envidia porque viaja a países que no sabíamos que existían, porque su casa es más grande o porque sus hijos asisten a escuelas más elegantes.

Esta hambre de grandeza es natural. El problema es que estamos buscando satisfacerla en los lugares equivocados. Agustín de Hipona, convertido al cristianismo después de una vida de desenfreno, reconoció esta verdad cuando expresó en sus *Confesiones*: «Nos has hecho para ti y nuestro corazón está inquieto hasta que descanse en ti».[1] Somos propensos a saltar de una cosa a otra (logros o placeres) esperando que algo nos haga sentir que por fin tenemos eso que tanto hemos buscado. Pero si como dice el Catecismo Menor de Westminster, «el fin principal del hombre es el de glorificar a Dios, y gozar de él para siempre», no es de extrañar que nada de lo que adquirimos o ninguna de las hazañas que logramos nos satisfagan por más de un instante. Si el vacío que tenemos en el corazón es del tamaño de la eternidad, solo hay una persona que puede llenarlo (Eclesiastés 3:11).

Estas son buenas noticias. Para satisfacer nuestra hambre de grandeza no tenemos que ganar cierta cantidad de dinero, obtener tres títulos universitarios, viajar por todo el mundo o vivir en una casa con un gran jardín y piscina. Para satisfacer nuestra hambre de grandeza no tenemos que esperar a tener todos los pendientes en orden, desarrollar excelentes hábitos de lectura y ejercicio o mantener nuestra bandeja de correo electrónico en cero. Para satisfacer nuestra hambre de grandeza solo tenemos que mirar a aquel que nos hizo y dejar que él nos alimente y guíe. Cuando lo hacemos sucede algo curioso: nos damos cuenta de que hemos estado utilizando la productividad al revés, como un medio para obtener lo que nos hace falta en lugar de usarla para ofrecer lo que sobreabunda en nuestros corazones.

❦ ❦ ❦

Uno de los errores más grandes que puedes cometer al intentar convertirte en una «persona productiva» es pensar que tu productividad es para ti. Es cierto que organizar tu material de trabajo la noche anterior hará que tus mañanas sean menos caóticas. Sí, diseñar un plan de comida te ahorrará tiempo y dinero en el supermercado. Aprender a seleccionar tus prioridades seguramente hará que puedas hacer realidad muchos proyectos que antes solo existían en tu cabeza. Los beneficios personales de buscar la productividad son innegables, pero también son secundarios.

La productividad no se trata de lograr, se trata de amar. La productividad es la manera en que buscamos poner en acción los dos grandes mandamientos que resumen toda la ley de Dios:

—Maestro, ¿cuál es el mandamiento más importante de la ley?

—"Ama al Señor tu Dios con todo tu corazón, con todo tu ser y con toda tu mente" —le respondió Jesús—. Este es el primero y el más importante de los mandamientos. El segundo se parece a este: "Ama a tu prójimo como a ti mismo". De estos dos mandamientos dependen toda la ley y los profetas. (Mateo 22:36-40)

En estos cuatro versículos, Jesús nos muestra cuál es la verdadera grandeza. Esta es la manera en que tú y yo podemos cambiar el mundo: amando a Dios y amando a otros. El amor debe ser la razón de nuestra productividad. No podemos basarla en el dinero, ni en la satisfacción de completar una lista de tareas y ni siquiera en la paz mental, aunque todo esto puede venir en el paquete. La verdadera productividad surge al quitar la mirada de nosotros mismos e invertir nuestros recursos entregando nuestra vida para la gloria de Dios y el bien de los demás. Después de todo, ese fue el ejemplo de Jesús: «Nadie tiene amor más grande que el dar la vida por sus amigos» (Juan 15:13). Mi productividad no es para mí, sino para mostrarle a mi prójimo quién es Dios mientras le sirvo.

Esto, por supuesto, no significa que nuestras propias vidas no tienen valor. No significa que nuestras necesidades no son importantes. Todo lo contrario. Significa que el Dios del universo se ocupa de nosotros mientras nos usa para ocuparse de los demás. En la Biblia encontramos recordatorios para cuidar nuestro cuerpo y descansar, pero fuera de esa atención básica a nuestros límites como seres humanos, el llamado continuo de la Escritura es a concentrarnos en el reino de Dios confiando en que él se hará cargo de nosotros (Mateo 6:25-34).

No podemos esperar que todo esto sea fácil. Después de todo, la persona más productiva del mundo murió injustamente en una cruz. Ese es el patrón que vemos a lo largo de la Escritura: desde la caída en el jardín del Edén, el trabajo cuesta. La obediencia duele. Hay cardos y espinas, hay injusticia. Hay cansancio, hay sufrimiento, hay ingratitud. El libro de Proverbios nos muestra cómo deberían ser las cosas cuando dice: «El diligente ve cumplidos sus deseos» (Proverbios 13:4). Sin embargo, Eclesiastés nos ofrece el trago amargo de la realidad en un mundo como el nuestro: «¿Qué provecho saca el hombre de tanto afanarse en esta vida?» (Eclesiastés 1:3).

Es vital recordar la realidad de la caída mientras buscamos honrar a Dios con todo lo que tenemos. Utilizar bien nuestro tiempo no es garantía de que tendremos una vida larga y llena de logros. Administrar nuestra energía de manera eficiente no nos asegura que jamás nos enfermaremos.

Ser sabios con nuestras finanzas no quiere decir que tendremos grandes riquezas. La Biblia está llena de hombres y mujeres que honraron a Dios. Algunos fueron ricos y otros fueron pobres; algunos fueron ampliamente reconocidos y otros fueron despreciados; algunos vieron a sus nietos y bisnietos, mientras que otros murieron en plena juventud. Cientos de vidas productivas, muy distintas unas de otras, pero con una cosa en común: vidas que amaban a Dios y amaban a otros, donde estaban y con lo que tenían.

Si tenemos nuestra mirada puesta en el dinero, la salud o el reconocimiento, sin lugar a duda nos vamos a decepcionar. Dios jamás promete darnos nada de eso en esta tierra, incluso si vivimos cada momento buscando honrarle con lo que tenemos. La promesa es que pongamos la mirada en su reino y él nos dará lo necesario para vivir (Mateo 6:33). De ahí en fuera, no sabemos lo que nos tocará. Aunque es posible que veamos destellos de sus bendiciones aquí en la tierra, la verdadera recompensa se encuentra en la eternidad.

Lejos de desanimarnos, eso debe quitarnos un gran peso de encima. Somos libres para ser productivos, no con el objetivo de obtener, sino a fin de ofrecer. No para alcanzar cierto estándar, sino para alcanzar a otros con nuestro servicio. Este es, como escribió Tim Keller, el «bendito descanso que solo trae el hecho de olvidarme de mí mismo».[2] He recibido tanto del Señor que mi corazón sobreabunda de amor. Puedo mostrar ese amor usando mi tiempo, energía, habilidades, atención y cualquier otro recurso para suplir las necesidades de los que me rodean y mostrarles quién es el Dios en el que me deleito.

❧ ❧ ❧

Algunos de nosotros ni siquiera nos molestamos con el tema de la productividad porque sentimos que no tenemos nada que ofrecer. Quizá eres una madre con tres niños pequeños, viviendo un día a la vez. Tal vez tienes años con una enfermedad crónica que te impide hacer mucho más que levantarte de la cama. Puede ser que lo único que ocupe tu mente ahora mismo sea sacar a tu familia adelante en medio de una gran crisis económica.

No pretenderé decirte que comprendo lo difícil que es tu situación. Sin embargo, me gustaría animarte a mirar las cosas desde otra perspectiva. Cada uno de nosotros tenemos algo que ofrecer. Encontramos esta verdad en una de las parábolas de Jesús:

El reino de los cielos será también como un hombre que, al emprender un viaje, llamó a sus siervos y les encargó sus bienes. A uno le dio cinco mil monedas de oro, a otro dos mil y a otro solo mil, a cada uno según su capacidad. Luego se fue de viaje. El que había recibido las cinco mil fue en seguida y negoció con ellas y ganó otras cinco mil. Así mismo, el que recibió dos mil ganó otras dos mil. Pero el que había recibido mil fue, cavó un hoyo en la tierra y escondió el dinero de su señor.

Después de mucho tiempo volvió el señor de aquellos siervos y arregló cuentas con ellos. El que había recibido las cinco mil monedas llegó con las otras cinco mil. «Señor —dijo—, usted me encargó cinco mil monedas. Mire, he ganado otras cinco mil». Su señor le respondió: «¡Hiciste bien, siervo bueno y fiel! En lo poco has sido fiel; te pondré a cargo de mucho más. ¡Ven a compartir la felicidad de tu señor!». Llegó también el que recibió dos mil monedas. «Señor —informó—, usted me encargó dos mil monedas. Mire, he ganado otras dos mil». Su señor le respondió: «¡Hiciste bien, siervo bueno y fiel! Has sido fiel en lo poco; te pondré a cargo de mucho más. ¡Ven a compartir la felicidad de tu señor!».

Después llegó el que había recibido solo mil monedas. «Señor —explicó—, yo sabía que usted es un hombre duro, que cosecha donde no ha sembrado y recoge donde no ha esparcido. Así que tuve miedo, y fui y escondí su dinero en la tierra. Mire, aquí tiene lo que es suyo». Pero su señor le contestó: «¡Siervo malo y perezoso! ¿Así que sabías que cosecho donde no he sembrado y recojo donde no he esparcido? Pues debías haber depositado mi dinero en el banco, para que a mi regreso lo hubiera recibido con intereses.

»Quítenle las mil monedas y dénselas al que tiene las diez mil. Porque a todo el que tiene, se le dará más, y tendrá en abundancia. Al que no tiene se le quitará hasta lo que tiene. Y a ese siervo inútil échenlo afuera, a la oscuridad, donde habrá llanto y rechinar de dientes». (Mateo 25:14-30)

¿Qué aprendemos de este pasaje? Al menos tres cosas:

1. **Todos los siervos reciben algo, unos más y otros menos.**

Ignorar esta realidad nos lleva a los extremos de la falsa productividad: o nunca descansamos porque pensamos que tenemos que hacer tanto como nuestro vecino, o nunca trabajamos porque pensamos que no tenemos nada con qué trabajar.

Mi responsabilidad no es mirar con recelo las monedas del vecino y trabajar duro para que nuestros bolsillos pesen lo mismo. Tampoco es pasarme la vida lamentándome porque no me alcanza para hacer negocios con los grandes magnates de la ciudad. Mi trabajo es simplemente hacer lo mejor que pueda con lo que tengo, sin compararme con nadie más. Por otro lado, es ridículo que el siervo que recibió mucho se sienta gran cosa por todo lo que puede hacer con las monedas que le fueron encomendadas. ¡Ni siquiera son suyas!

Seas quien seas, Dios te ha confiado recursos a fin de usarlos para su gloria y el bien de los demás. No necesitas ganar tantas monedas como el vecino, solo necesitas ser fiel con lo que tienes.

2. **No hacer nada es hacer algo.**

Creo que todos nos podemos identificar con el miedo del siervo que tenía las mil monedas. La vida es abrumadora y a veces todo lo que queremos es escondernos y no tener que lidiar con nada. Aunque es bueno dar un paso atrás y respirar profundo cuando sentimos que los retos que hay frente a nosotros son demasiado grandes, no podemos escondernos y pretender que no existen. No hacer nada no es una opción, porque no hacer nada es hacer algo que no tiene ningún valor.

Si nos dejamos paralizar por el miedo, la envidia o la frustración, estamos desperdiciando los recursos que Dios nos ha dado para su gloria y el bien de los demás. El pasaje no nos revela las altas y bajas de los negocios de los primeros dos siervos, solo sabemos que fueron e hicieron lo que tenían que hacer. El señor le dice al tercero que incluso haber llevado el dinero al banco hubiera sido mejor que simplemente esconderlo. Es común quedarnos atascados en los detalles de qué es exactamente lo que debemos hacer con los recursos que nos han sido dados. No caigas en la trampa. Mira lo que tienes y el lugar en donde estás, y *haz algo*. Usa los recursos que Dios te da —la Biblia, tu cerebro, el sentido común, la experiencia, el consejo de personas sabias— para tomar una decisión, y luego avanza.

3. **Dios se toma en serio la manera en que administramos lo que él nos da.**

Cuando desperdiciamos nuestras vidas no estamos desperdiciando algo que es nuestro, estamos desperdiciando algo que le pertenece a Dios. Él se toma muy en serio cómo tratamos lo que es suyo. Cada momento de tu existencia es extremadamente valioso para Dios, y a él le importa la forma en que lo usas. Por supuesto, ninguno de nosotros honraremos a Dios de manera perfecta; el temor a fallar no debe paralizarnos, pero el temor de Dios —la reverencia a él— sí debe impulsarnos. Los siervos que realmente conocían a su señor se esforzaron por hacer lo que podían con los recursos que él les había dado. ¿Se puede decir lo mismo de nosotros?

Seamos realistas, tener mil monedas no es divertido. No es fácil aceptar que una discapacidad física, una situación financiera o una etapa caótica de la vida limita lo que puedes hacer. Es aquí donde debemos recordar la verdadera definición de grandeza: amar a Dios y amar a otros. Puedes cambiar el mundo desde donde estás, sirviendo a tu prójimo dentro de tus posibilidades. Después de todo, no se trata de encontrar satisfacción en la cantidad de «monedas» que tenemos, sino en el gozo del Señor que nos las da para cumplir un propósito determinado. Trabajemos con diligencia, en lo poco y en lo mucho, con la esperanza de que, al final de la carrera, recibiremos recompensas que opacarán cualquier aflicción que hayamos atravesado en esta tierra.

Tú tienes algo que ofrecer a las personas que te rodean. Sin importar si piensas que es mucho o es poco, no prives a tu prójimo de cosas tan sencillas como tus palabras, tus abrazos, tus comidas y tu trabajo. Cada acción que realizamos tiene un impacto que no podemos calcular. Nuestras vidas son un pequeño pero importante hilo en el gran tapiz de la historia de la redención. Esto es mucho más grande que tú y que yo. Vivir por amor a Dios y a los demás es un privilegio.

PARA REFLEXIONAR:

1. ¿Por qué quieres ser productivo?

2. ¿Te sientes contento en el lugar en donde estás? ¿Por qué sí o por qué no?

3. ¿Te hubiera gustado recibir más «monedas» de las que tienes? ¿Qué estás haciendo ahora con lo que el Señor te ha confiado?

PARA ACTUAR:

* Haz una lista de «donde estás»: familia, trabajo, iglesia, etcétera. Luego haz otra de «lo que tienes»: tiempo, energía, dinero, habilidades. Piensa en lo que estás haciendo con esos recursos y escribe diez cosas que podrías mejorar.

Algunas ideas:

• Decir «no» a los pendientes de trabajo durante el fin de semana.

• Usar las redes sociales solo tres días a la semana.

• Hacer un presupuesto para el hogar.

• Preguntar qué necesidades hay en la comunidad de mi iglesia local y ver si puedo suplir alguna.

3

UNA CUESTIÓN DE CARÁCTER

«Como hijos obedientes, no se amolden a los malos
deseos que tenían antes, cuando vivían en la ignorancia.
Más bien, sean ustedes santos en todo lo que hagan,
como también es santo quien los llamó».
1 Pedro 1:14-15

Si estás abrumado por la gran cantidad de responsabilidades que debes manejar cada día, o si te sientes ansioso porque no sabes qué deberías estar haciendo con tu vida, probablemente no puedes esperar a llegar a la parte del libro donde presento consejos prácticos y sistemas para organizar el caos. Llegaremos a eso, pero todavía no.

Cuando decidimos convertirnos en «personas productivas», es tentador empezar buscando las mejores aplicaciones o probando el sistema de organización que está de moda. Se nos olvida que queremos ser productivos, no hacernos productivos. Para vivir una vida productiva necesitamos empezar desde adentro, porque la productividad es una cuestión de carácter.

LOS OBSTÁCULOS PARA LA PRODUCTIVIDAD

Hace un tiempo decidí retar mis hábitos de escritura publicando un artículo diario en mi blog durante treinta días. Por supuesto, ninguno de esos artículos fue una obra de arte, pero el ejercicio resultó revelador. Necesitaría mucha concentración para lograr mi cometido, así que preparé un horario de escritura en el que bloqueé todas las distracciones. Todo estaba listo, simplemente debía sentarme a trabajar. No tenía llamadas o notificaciones; mi bebé dormía; las tareas más importantes del día estaban hechas. Nada me detenía. Nada, claro, excepto yo. Aunque no había distracciones, mi cerebro las deseaba. Por un lado, quería escribir, y por otro lado, quería hacer *cualquier* otra cosa. En ese momento me di cuenta de que los obstáculos más grandes para mi productividad están dentro de mí.

La razón por la que muchos de nosotros hemos probado cientos de herramientas y sistemas de productividad sin ver ningún resultado es que hemos fallado en desarrollar nuestro carácter. Queremos que una aplicación para bloquear el móvil elimine nuestro deseo de ser entretenidos a cada segundo. Queremos que un gestor de listas de tareas nos diga qué es lo que deberíamos estar haciendo ahora mismo. Una buena herramienta puede ayudarnos a efectuar y fortalecer nuestra productividad, pero una herramienta jamás podrá hacernos productivos.

Los grandes obstáculos para nuestra productividad encajan en una de cuatro categorías:

1. **Falta de seguridad:** En esta categoría encontramos obstáculos emocionales, que incluyen el miedo a fallar o a decepcionar a otros con nuestro trabajo.

2. **Falta de dirección:** Esta categoría incluye aquello que obstaculiza nuestra claridad para actuar. Queremos ser productivos, pero no sabemos qué deberíamos estar haciendo o por dónde empezar.

3. **Falta de motivación:** Aquí están los obstáculos anímicos. Si tuviéramos que resumir esta categoría en una sola expresión, sería «no tengo ganas». Sabemos lo que debemos hacer y sabemos que podemos hacerlo, pero el desánimo nos arrastra y no hacemos nada.

4. **Falta de atención:** Las categorías anteriores incluyen obstáculos a los que nos enfrentamos antes de empezar la tarea que debemos completar. Aquí tenemos los obstáculos que enfrentamos durante la realización de la tarea, como la dificultad para enfocarnos.

Cada uno de nosotros —incluso los que son reconocidos por su eficiencia y madurez— luchamos con toda clase de obstáculos para nuestra productividad. La clave es aprender a identificar estas dificultades y construir las cualidades de carácter que nos permiten superarlas. Todo el mundo cae en espirales de procrastinación.* Las personas productivas se recuperan rápido, mientras que las demás solo se lamentan y siguen cayendo.

LAS CUALIDADES DE CARÁCTER

En la lucha contra los cuatro tipos de obstáculos para la productividad debemos cultivar cuatro cualidades de carácter: fe, propósito, diligencia y profundidad.

1. Fe.
Es razonable sentir que las responsabilidades de la vida son demasiado grandes para nosotros. Con frecuencia lo son. Nuestra inteligencia es limitada, nuestra fuerza se evapora e incluso nuestros talentos más desarrollados son imperfectos. A veces acertamos y a veces nos equivocamos.

Cuando Dios llamó a Moisés para ir delante del faraón y liberar al pueblo de Israel, Moisés rápidamente elaboró una lista de excusas: «Pero, ¿quién soy yo para hacer eso? ¿Y si no me creen? Nunca he sido elocuente, ¿por qué no mandas a otro?». Dios no se apresuró a afirmar a Moisés por sus habilidades o potencial. Él dijo: «YO SOY EL QUE SOY» (ver Éxodo 3 y 4), demostrándole a Moisés que el Señor soberano estaba con él y lo capacitaría para la tarea a la que lo estaba llamando.

Una persona productiva fortalece su fe recordando continuamente quién es el Dios que la puso donde está. Sí,

---

* Esta palabra se entiende como la actitud negativa que lleva a una persona a posponer y aplazar responsabilidades y tareas por motivos deleznables.

la tarea puede ser muy grande para nosotros, pero no es demasiado grande para Dios. En el primer capítulo aprendimos que el evangelio transforma nuestra productividad dándonos el veredicto antes del desempeño. Servimos a Dios como respuesta a lo que él hizo por nosotros, no con la esperanza de quedar bien delante de sus ojos o los de los demás. Eso nos da seguridad para seguir adelante, incluso cuando tropezamos estrepitosamente.

El autor Simon Van Booy dijo una vez que «escribir es un acto de fe».[1] Puedo confirmar la veracidad de esa afirmación mientras trabajo en este libro. No tengo la certeza de que podré terminar o de que estas palabras verán la luz y llegarán a las manos de alguien que las encuentre útiles. Pero cada vez que me siento a poner palabras en el papel estoy ejerciendo mi fe. Creo que, si es la voluntad de Dios, podré seguir hasta el final y el resultado será algo para el beneficio de otros. Yo no sé en qué lugar Van Booy coloca su fe mientras escribe, pero estoy convencida de que Dios es el único lugar lo suficientemente seguro para poner la mía. Si descanso en lo diligente o inteligente que soy, me derrumbaré cuando llegue un mal día. Sin embargo, sin importar cómo me sienta, puedo descansar en que Dios es siempre omnisciente y omnipotente. Puedo seguir caminando, aunque mis pasos sean pequeños y aparentemente inútiles; Dios me lleva hasta el final.

Cuando vienen los miedos y nos enfrentamos con nuestra incapacidad, podemos decir: «Sí, es verdad que no lo sé todo. Es verdad que tengo muchas limitaciones. Pero estoy aquí por una razón». Los cristianos podemos descansar en la soberanía del Dios que nos envía y capacita. Podemos enfrentarnos con lo que venga sabiendo que el resultado final no depende de nosotros. Una persona de fe puede trabajar duro y también descansar en que Dios utiliza sus limitados esfuerzos para Su gloria.

2. Propósito.

De nada sirve correr si vamos en la dirección equivocada. Como escribió el consultor Peter Drucker, «no hay nada menos productivo que hacer más efectivo lo que no tendría que haberse hecho».[2] Definir hacia dónde vamos es esencial. Desafortunadamente, para muchos es difícil saber con certeza qué es lo que deberían estar haciendo. Hoy tenemos más opciones que nunca y, en lugar de llevarnos lejos, esto nos abruma. Hace unos siglos, si tus padres eran zapateros, tú también serías zapatero; hoy, las opciones son infinitas.

Hay muchas cosas que podríamos estar haciendo. Muchas oportunidades de trabajo o educación, muchas necesidades que suplir, muchos libros que leer, muchos correos electrónicos que responder, muchas reuniones que atender. ¿Cómo no sentirnos abrumados? Una persona productiva comprende que sus recursos son limitados y que no puede hacer todo lo que podría estar haciendo. Una persona productiva se toma el tiempo de definir en qué debe invertir su energía, atención y habilidades. Una persona productiva dice «no» a todo lo demás, de manera respetuosa pero firme.

Definir lo que deberías estar haciendo no es fácil y tampoco es una ciencia exacta. No es algo que harás una vez y ya. Ser una persona con propósito significa meditar continuamente en la dirección a la que te diriges y en cómo tus actividades te están llevando hacia allá, tanto a gran escala

(«¿Debería aceptar este trabajo?») como a pequeña escala («¿Realmente tengo que leer este reporte hoy?»). Aunque todo esto puede sonar abrumador, no necesitamos alarmarnos. No tenemos un dios sádico que disfruta al vernos atascados en los callejones sin salida de la vida como si fuéramos ratones en un laberinto. Tenemos la Biblia que nos muestra el carácter de Dios y sus mandamientos. Mientras nos mantengamos en ellos, somos libres de tomar decisiones prudentes y seguras. Como escribe Kevin DeYoung: «Dios no es una bola mágica que podemos sacudir y consultar cada vez que tengamos que tomar una decisión. Él es un Dios bueno que nos dio cerebros, nos muestra su camino de obediencia y nos invita a asumir riesgos por él. Sabemos que Dios tiene un plan para nuestras vidas. Eso es maravilloso. El problema es que creemos que él nos va a contar ese plan maravilloso antes de llevarlo a cabo».[3]

Ser una persona con propósito no significa esperar que baje del cielo un ángel para revelarte si debes estudiar química o teatro. Ser una persona con propósito significa buscar sabiduría a través de los recursos que tienes disponibles (como la Biblia, el sentido común y las personas que te rodean) y tomar una decisión confiando en que al final de todas las cosas, Dios cumplirá sus propósitos perfectos utilizando nuestros esfuerzos imperfectos.

3. Diligencia.

Ser diligente no significa trabajar todo el tiempo, sino hacer lo que hay que hacer (incluyendo descansar) sin importar cómo nos sintamos. Es esforzarte por hacer lo que te corresponde hacer y dejar el resto en las manos del Señor.

Las emociones son importantes, pero no podemos confiar en ellas sin cuestionarlas. A veces nuestro cuerpo pedirá descanso, pero nuestras emociones dirán que no puedes permitirte descansar, porque si lo haces vas a fracasar. En otras ocasiones estaremos listos para trabajar en un proyecto que nos comprometimos a entregar ese mismo día, pero nuestras emociones dirán que nos relajemos un rato viendo videos y tomando un café. La idea de seguir a tu corazón es atractiva; sin embargo, ¿qué pasa cuando lo único que tu corazón quiere es ver otra temporada de tu serie favorita de una sola vez?

No podemos controlar si tenemos ganas o no de hacer algo, pero sí podemos controlar la manera en que respondemos a ese sentimiento. La falta de motivación no es falta de capacidad. Aun si no tengo ganas de lavar la ropa sigo siendo capaz de lavar la ropa. Aun si no tengo ganas de escribir sigo siendo capaz de escribir. Hay pocas cosas tan liberadoras como descubrir que no somos esclavos de nuestras emociones. Podemos reconocerlas y aceptarlas, y aun así decidir en contra de lo que nos piden. La diferencia entre una persona productiva y una improductiva no es lo que siente, sino cómo responde al sentimiento.

4. Profundidad.

La fe nos da motivos para ser productivos. El propósito nos dice qué debemos hacer. La diligencia nos ayuda a empezar. Cuando dejamos la superficialidad y buscamos profundizar en la tarea, eso nos ayuda a terminar.

En nuestro mundo hiperconectado, nuestra atención es arrastrada en cientos de direcciones a cada instante. Hemos perdido la capacidad de concentrarnos y profundizar en lo importante. Somos pocos los que podemos sentarnos y terminar lo que comenzamos sin ser interrumpidos por nimiedades una y otra vez. Recuerdo mis primeros meses como mamá trabajando desde casa: mientras mi bebé lloraba en mis brazos por mucho tiempo debido a que no podía conciliar el sueño, la frustración subía cada segundo porque tenía un proyecto atrasado en el que debía trabajar. Mientras trabajaba en mi proyecto, mi mente se desviaba a la cocina sucia que tenía que ordenar. Mientras ordenaba la cocina, me preocupaba porque no había terminado la tarea para mi grupo de estudio semanal. Mientras estaba en el grupo de estudio semanal, el tic-tac del reloj sonaba fuerte en mi cabeza, recordándome que había quedado para ir a tomar un café con una chica de la iglesia.[*] No podía hacer que mi atención se mantuviera y se profundizara sin distracciones en la tarea que tenía enfrente. Siempre había algo más que hacer y yo sentía que debía hacerlo en ese mismo instante.

La lista de tareas nunca termina. Siempre habrá un nuevo correo electrónico por leer, una nueva tanda de ropa por lavar, una nueva reunión a la que asistir, un nuevo ensayo que escribir, un nuevo sermón que preparar, un nuevo paciente que atender, o una persona nueva que aconsejar. Y, por supuesto, las distracciones también son infinitas. Cuando decimos «sí» a algo, le decimos «no» a lo demás. Algunos «no» son temporales (mientras trabajamos le

---

[*] Escribí más sobre esto en un artículo para Coalición por el Evangelio: https://www.coalicionporelevangelio.org/articulo/palabras-animo-la-mama-trabaja-casa/.

decimos «no» a las redes sociales, pero las podemos revisar por la tarde). Otros «no» son permanentes (declinamos la invitación a una reunión a la que no tenemos mucho que aportar). La profundidad nos lleva a abrazar lo importante y dejar lo demás; la superficialidad nos lleva a buscar sostener todas las cosas al mismo tiempo. La profundidad implica que, cuando decimos «sí» a algo, nos enfocamos en ello y lo hacemos lo mejor que podamos. La superficialidad ocasiona que seamos arrastrados de aquí para allá por las distracciones y los afanes; hacemos las cosas, pero no las hacemos bien.

SER PARA HACER, HACER PARA SER

¿Cómo cultivamos estas cualidades de carácter? El teólogo John M. Frame escribió que «la madurez moral viene a través de la práctica constante».[4] Estamos desarrollando nuestro carácter cada vez que tomamos una decisión con fe y no con incredulidad; cada vez que caminamos con propósito en lugar de simplemente vagar; cada vez que somos diligentes en lugar de perezosos; cada vez que permanecemos en la profundidad en lugar de correr hacia la distracción. Ningún ser humano se transforma en una persona productiva de la noche a la mañana. Debemos dejar de esperar un cambio mágico e inmediato que revolucione toda nuestra vida. No hay atajos. Curiosamente, para ser productivos necesitamos un carácter maduro, pero para cultivar ese carácter maduro necesitamos tomar decisiones productivas.

La productividad no es un destino, sino un camino que dura toda la vida. Cada paso cuenta. Dios utiliza nuestras decisiones ordinarias para transformarnos ·en lo que nos diseñó para ser: personas que lo honran con todo lo que tienen.

JESÚS ES NUESTRO EJEMPLO, Y MÁS QUE NUESTRO EJEMPLO

Si queremos ver una vida perfectamente productiva en acción, solo tenemos que dirigirnos a los primeros libros del Nuevo Testamento. Jesús demostró a cada instante que era una persona de fe, propósito, diligencia y profundidad.

Fe: «Yo he venido de Dios y aquí me tienen. No he venido por mi propia cuenta, sino que él me envió» (Juan 8:42).

Propósito: «Ciertamente les aseguro que el Hijo no puede hacer nada por su propia cuenta, sino solamente lo que ve que su Padre hace, porque cualquier cosa que hace el Padre, la hace también el Hijo» (Juan 5:19).

Diligencia: «Mi Padre aún hoy está trabajando, y yo también trabajo» (Juan 5:17).

Profundidad: «Más bien, busquen primeramente el reino de Dios y su justicia, y todas estas cosas les serán añadidas. Por lo tanto, no se angustien por el mañana, el cual tendrá sus propios afanes. Cada día tiene ya sus problemas» (Mateo 6:33-34).

Sin duda, la vida de Jesús no se parece a lo que muchos tienen en mente cuando piensan en la productividad. Él no andaba de aquí para allá a toda velocidad, sino que invertía su tiempo en comer con sus amigos y salir a orar. No sanó a todos los enfermos ni visitó todas las ciudades. No utilizó su influencia para ganar una fortuna o escalar a cierta posición social. Jesús fue productivo al mirar al Padre y vivir la misión que él le había encomendado, trabajando cuando era tiempo de trabajar y descansando cuando era tiempo de descansar.

Con todo, la esperanza de los cristianos está en que Jesús es mucho más que nuestro ejemplo. Sí, al verlo a él podemos descubrir cómo es una vida verdaderamente productiva. Pero también somos confrontados con lo lejos que estamos de tener un carácter como el suyo. Si Jesús fuera solamente nuestro ejemplo, no tardaríamos en caer en la desesperación. El estándar es demasiado alto. No obstante, el evangelio es una buena nueva por una buena razón. Jesús caminó en la tierra no solo para mostrarnos cómo debemos vivir; él vino para morir y pagar por todas las veces en que no hemos vivido como debemos hacerlo. Su perfección ahora se cuenta como nuestra: «Al que no cometió pecado alguno, por nosotros Dios lo trató como pecador, para que en él recibiéramos la justicia de Dios» (2 Corintios 5:21).

En esa verdad descansamos mientras nos esforzamos en caminar un paso a la vez en la dirección correcta, confiando en que Dios nos transforma a medida que contemplamos la gloria de Jesús (2 Corintios 3:18).

❧ ❧ ❧

PARA REFLEXIONAR:

1. ¿Cuáles son los tres obstáculos más grandes para tu productividad? ¿Qué cualidad de carácter necesitas desarrollar para vencerlos?

2. Piensa en un momento improductivo que tuviste la semana pasada. ¿Hay algún relato de la vida de Jesús que te muestre la manera en que deberías haber actuado? ¿Cómo es que el evangelio de Jesús te da esperanza para seguir adelante a pesar de que fallaste?

PARA ACTUAR:

* Elige una cualidad del carácter que deseas cultivar y anota tres acciones sencillas que puedes practicar continuamente para desarrollarla. Un par de ejemplos: para cultivar la profundidad puedes apagar el móvil mientras cenas con tu familia. Para cultivar la fe puedes memorizar un pasaje bíblico como Romanos 8:34.

PARTE II

LOS PRINCIPIOS

4

TIEMPO

*Tienes tiempo para hacer lo que
deberías estar haciendo.*

La vida no tiene botón de pausa. El reloj no se detiene. Los segundos corren sin pedirnos permiso, y pocas veces nos detenemos a pensar en lo que eso significa. Cuando lo hacemos podemos llegar a sentir una angustia terrible. Los minutos se nos escapan como agua filtrándose en un bote mientras intentamos poner las cosas en orden. Con desespero intentamos cubrir las grietas con las manos, hasta que nos rendimos y simplemente dejamos que el peso del océano nos hunda.

No tiene que ser así. Los cristianos podemos ver el incesante paso del tiempo con esperanza. A pesar de nuestras derrotas personales y los fracasos de la humanidad, la historia sigue caminando hacia el momento en el que la maldad por fin culminará. Entonces no habrá más llanto, ni dolor, ni muerte, ni afán, ni estrés. Contemplar ese día glorioso transforma la manera en que vemos el momento en el que estamos hoy.

En medio de las altas y bajas de la vida podemos trabajar duro, usando todo lo que tenemos lo mejor que podamos para cumplir los dos mandamientos y la Gran Comisión que el Señor nos ha entregado. Ofrecemos nuestro tiempo, habilidades, energía y atención para amar a Dios y a los demás, mientras hacemos discípulos predicando el evangelio a los que nos rodean.

Durante esos vaivenes de la vida podemos descansar, sabiendo que la victoria ya ha sido dada en Cristo Jesús. Nuestras derrotas no cambian el veredicto. Hay gracia para seguir adelante cuando tropezamos.

Nuestro Dios es un Dios que sabe que somos polvo y aun así se deleita en usarnos para su gloria. Conociendo incluso mejor que nosotros la pereza o el afán en nuestros corazones, a él le place hacernos parte de su plan. La Biblia nos enseña que, desde antes de la fundación del mundo, Dios preparó buenas obras para que nosotros andemos en ellas (Efesios 2:10). No contamos con todos los detalles sobre qué clase de tareas el Señor nos llevará a realizar durante el resto de nuestra vida, pero no los necesitamos. Dios nos guía un paso a la vez a través de su Palabra, la iglesia y el Espíritu Santo. Él no permitirá que nos extraviemos. Nuestro Dios es un Dios soberano que, de una forma u otra, utiliza todos nuestros esfuerzos imperfectos para cumplir sus propósitos perfectos, llevándonos en el vientre de un gran pez si es necesario (Jonás 2:10).

Esta soberanía divina trae paz. Si el Señor del tiempo y el espacio nos puso aquí y preparó obras para nosotros desde hace mucho tiempo, podemos descansar y sentirnos aliviados. Tenemos todo lo que necesitamos para caminar en obediencia. Tenemos tiempo para hacer las cosas que deberíamos estar haciendo conforme al propósito que Dios tiene para cada uno de nosotros.

CAMINA AL CENTRO DE LA VERDADERA PRODUCTIVIDAD

Dios es el más interesado en que tú y yo usemos bien nuestro tiempo. Él no está mirando desde el cielo esperando que tiremos nuestra vida a la basura para castigarnos. Todo lo contrario: él empezó la buena obra en nosotros y él la terminará (1 Tesalonicenses 5:23-24). Si queremos sabiduría para ser productivos —para vivir una vida que lo honre con todo lo que tenemos— solo necesitamos pedir con fe. Esta es una oración que Dios promete responder (Santiago 1:5-7).

Por supuesto, pedir sabiduría es solo el principio. Necesitamos conocer la Palabra de Dios y caminar en obediencia, confiando en que el Señor enderezará nuestros pasos mientras lo hacemos. ¿Cómo podemos empezar a aprovechar mejor nuestro tiempo? Estas son algunas ideas:

Piensa en el tiempo.

Pensar en el paso del tiempo puede ser abrumador. Muchos de nosotros no soportamos escuchar el tic-tac del reloj, marcando los segundos que no volverán. Pero enfrentarnos a la realidad es el primer paso para vivirla con sabiduría. El salmista reconoció que ser conscientes de la brevedad de la vida es importante para vivir como le agrada al Señor: «Enséñanos a contar bien nuestros días, para que nuestro corazón adquiera sabiduría» (Salmos 90:12).

En mi escritorio tengo un reloj de arena que utilizo para mis sesiones de trabajo profundo.* Este es un recordatorio visible de la importancia de aprovechar al máximo cada momento. Pero no es un recordatorio acusador. Definitivamente me motiva a esforzarme a usar lo mejor que pueda cada minuto, pero también me lleva a agradecer a Dios por redimir incluso mis más torpes esfuerzos. El tiempo sigue avanzando y sus planes se cumplirán. Yo tengo el privilegio de ser parte de ellos.

Valora tu tiempo.
Si todas las vidas son igualmente valiosas y todas se viven en el tiempo, cada minuto de tu vida tiene exactamente el mismo valor que el minuto de la vida de tu vecino. No importa si tu vecino es un alto ejecutivo o una celebridad y tiene un asistente personal. No importa si tu vecino se pasa el día de arriba a abajo en reuniones de trabajo mientras tú estás en casa cuidando a tus niños o atendiendo un pequeño negocio. Para usar bien nuestro tiempo tenemos que aprender a valorarlo.

En su libro *Disciplinas espirituales para la vida cristiana*, Donald Whitney escribió que si las personas «malgastaran su dinero de manera tan insensata como algunos

---

* Según Cal Newport, el trabajo profundo es «la capacidad de concentrarse sin distracción en una tarea cognitivamente demandante». https://www.cal-newport.com/books/deep-work/.

malgastan su tiempo, pensaríamos que están locos».[1] Una de las maneras más sencillas de valorar tu tiempo es ser consciente de en qué lo estás invirtiendo. Tómate un tiempo a media mañana y antes de dormir para reflexionar en qué has hecho con tus horas a lo largo del día y para reajustar tu estrategia si es necesario.

Aprende del tiempo de otros.

¿A quién admiras? Observa cómo esa persona utiliza su tiempo. La Biblia es el lugar perfecto para empezar, porque en los evangelios encontramos al hombre más productivo de la historia en carne y hueso. Jesús vivió cada segundo para la gloria de Dios y el bien de los demás, confrontando todas nuestras ideas preconcebidas sobre la productividad. Él no se apresuró ni se afanó, sino que invirtió mucho tiempo comiendo con sus amigos, jugando con los niños y orando en el desierto. Jesús no acumuló bienes y no le importó dejar ir a muchos de sus seguidores. No sanó a todos los enfermos ni viajó a todos los lugares. Siendo Dios, no hizo todo lo que pudo haber hecho, sino que cumplió la misión que venía a cumplir. En las Escrituras también nos encontramos con Moisés, Josué, David, Ester, Rut, María, Pablo y muchísimos personajes más. Unos fueron profetas y otros gobernantes; varios fueron reconocidos y otros fueron rechazados; algunos fueron educados y otros venían de familias muy humildes. Con todo, cada uno de ellos puede mostrarnos un poco cómo es buscar agradar al Señor en el lugar en que él nos ha colocado.

Otro recurso valioso son las biografías de personajes que han causado impacto positivo en el mundo. Por supuesto, que alguien sea famoso no significa que fue productivo (y que alguien haya pasado desapercibido no significa que no lo haya sido), pero lo más útil de las buenas biografías no es conocer datos curiosos de cierto personaje, sino mirar de cerca la trayectoria de su vida. Conforme conozcamos más historias de hombres y mujeres que han transformado su entorno nos daremos cuenta de que las personas productivas vienen en todas formas y tamaños, pero también tienen características similares, como humildad, hambre de aprender, determinación, perseverancia y más.

Finalmente tenemos la gente que nos rodea, en vivo y a todo color. Observa cómo invierten sus minutos las personas que están cerca de ti, iniciando conversaciones amigables al respecto cuando tengas la oportunidad. Tu deseo es aprender, así que haz más preguntas que declaraciones. Y pon atención especial a los ancianos. Ellos tienen experiencia y mucha sabiduría que ofrecernos, fruto tanto de sus victorias como de sus fracasos.

Planea en el tiempo.

Planear es bueno y necesario; la Escritura nos advierte sobre la manera correcta de hacerlo: «El hombre propone y Dios dispone. A cada uno le parece correcto su proceder, pero el SEÑOR juzga los motivos. Pon en manos del SEÑOR todas tus obras, y tus proyectos se cumplirán» (Proverbios 16:1-3). Planeamos y al mismo tiempo dependemos de Dios. Que «Dios disponga» no significa que podemos cruzarnos de brazos y esperar que las cosas sucedan; eso sería ignorar los claros mandatos de la Escritura a trabajar duro. Poner nuestras obras en las manos del Señor significa que nos esforzamos y rendimos todos nuestros esfuerzos a él. A final de cuentas, queremos que se cumpla la voluntad de aquel que es infinitamente sabio. Si él permite que cambien los planes, no nos derrumbamos ni nos amargamos, porque sabemos que esto también obrará para nuestro bien (Romanos 8:28).

Si no planeamos, acabamos desperdiciando los recursos que el Señor nos ha concedido para administrar. Como aprendemos de la parábola de las monedas de oro, esconder en la tierra lo que Dios nos ha dado no es una opción. Tenemos que ir y «hacer negocios» con lo que él nos ha confiado.

Sin embargo, hacer planes no es suficiente; para ser productivos hay que hacer *buenos* planes. A muchos de nosotros nos gusta hacer listas para organizar los asuntos pendientes y sentirnos un poco más preparados para enfrentar el día con diligencia. El problema es que solemos olvidar que cada tarea que realizamos se lleva a cabo en el tiempo. Decimos: «Haré esto mañana», pero no pensamos en todos los detalles; terminamos haciendo malabares con listas de tareas kilométricas, en lugar de ser realistas y darnos cuenta de que solo tenemos veinticuatro horas y que estas son suficientes para hacer las cosas que deberíamos hacer. Ser conscientes de cuánto tiempo toma cada una de nuestras responsabilidades es el primer paso para identificar lo que está de más en nuestras agendas y empezar a decir «no» con mayor frecuencia.

Cuando hagas planes, *haz planes en el tiempo*. Ten claro cuánto tiempo necesitarás para cada tarea que quieres realizar, empezando a marcar límites sobre qué harás y cuándo lo harás. Planear en el tiempo es difícil al principio

—solemos ser demasiado optimistas sobre cuánto necesitamos para completar una tarea— pero con la práctica se vuelve cada vez más natural. Contrastar tu lista de pendientes con tu calendario te ayudará a ser más realista y a solo comprometerte con las cosas que realmente puedes hacer. Puede ser que te desanimes al darte cuenta de que tienes muchas cosas que dejar. Es común pensar en grande e imaginar que podemos hacer un montón de cosas en un solo día, pero si no empezamos recordando que somos humanos y no robots, nuestros planes se acabarán derrumbando. Todo tiene su tiempo.

❧ ❧ ❧

SI TAN SOLO

Estas palabras son peligrosas. Son las palabras en las que nos refugiamos para no hacer aquello que sabemos que deberíamos estar haciendo. Son las palabras que nos hacen mirar con anhelo un mundo imaginario en el que las cosas son solo *un poco* diferentes, mientras el tiempo se nos escapa entre los dedos. En ese mundo imaginario, un solo detalle parece cambiar el curso entero de nuestras vidas.

«Si tan solo mi hijo durmiera mejor, podría leer la Biblia más seguido».

«Si tan solo no tuviera que trabajar en Internet, no perdería tanto tiempo en las redes sociales».

«Si tan solo tuviera dinero para ir al gimnasio, empezaría a hacer ejercicio».

Permanecer en el «si tan solo» es muy tentador. La vida está llena de cosas que sabemos deberíamos estar haciendo. No necesito convencer a ningún cristiano de la importancia de obedecer los mandamientos de la Escritura: leer la Biblia, orar, ayunar, congregarnos, atender a los necesitados, discipular y predicar el evangelio. Si a eso añadimos nuestras responsabilidades familiares, nuestro trabajo y las necesidades básicas de todo ser humano —como comer y dormir—, no es de extrañar que sintamos que no tenemos tiempo para hacer absolutamente nada.

Pero el «si tan solo» no es la solución. De hecho, lo único que hace es ayudarnos a ocultar el problema. Adormece nuestras conciencias en lugar de permitirnos ser confrontados por nuestro pecado de apatía espiritual o pereza. Nos hace víctimas de nuestras circunstancias en lugar de llevarnos a pedir sabiduría para cambiar las cosas.

Lo que nos libera es comprender la verdad de que tenemos el tiempo para hacer lo que deberíamos estar haciendo. Podemos obedecer los mandatos de la Escritura y cumplir con las responsabilidades que Dios nos ha confiado. Eso quizá signifique que tenemos que renunciar a compromisos que asumimos sin pensar que iban a consumir un tiempo que sería mejor invertido en nuestra familia o ministerio. Probablemente también necesitemos cambiar nuestras expectativas de cómo *debería* verse nuestra obediencia. En esta etapa de tu vida tal vez no puedas tener un devocional digno de fotografía, pero eso no significa que no puedas alimentarte de la Palabra. Tal vez nuestro trabajo no nos permita eliminar completamente las redes sociales, pero eso no significa que no podamos limitar su uso. Quizá nuestro presupuesto no permita que vayamos al gimnasio, pero eso no significa que no podamos ejercitarnos en casa y procurar comer más sano.

No necesitamos vivir apresurados ni preocupados por que las horas no nos alcanzan. Partamos de la realidad de que tenemos tiempo para hacer las cosas que deberíamos estar haciendo, y evaluemos nuestras vidas a la luz de las Escrituras para descubrir qué cosas debemos soltar y qué cosas debemos abrazar. Quizá tendrás que dejar el ingreso extra de un segundo empleo para pasar más tiempo con tu familia. Tal vez deberás abrazar un nuevo ministerio en tu iglesia local en lugar de pasar tanto tiempo en las redes sociales.

Aprovechar bien el tiempo no es algo de una sola vez. La tarea del cristiano es buscar sabiduría en Dios continuamente, reconociendo que «todo tiene su momento oportuno; hay un tiempo para todo lo que se hace bajo el cielo» (Eclesiastés 3:1). A veces hay que soltar y a veces hay que abrazar. En ocasiones necesitaremos enfocarnos en el descanso mientras que en otras será preciso trabajar duro. Discernir cómo usar los minutos no siempre será fácil, pero podemos descansar en que el Señor del tiempo nos sostiene en su mano y redime nuestros esfuerzos.

PARA REFLEXIONAR:

1. ¿Qué sientes cuando piensas en el paso del tiempo?

2. Piensa en una persona que admiras y que conoces de cerca. ¿Cómo utiliza su tiempo? Si tienes oportunidad, pregúntale directamente sobre esto.

3. ¿Cómo ha limitado tu productividad vivir en el «si tan solo»?

PARA ACTUAR:

* Haz una lista de todas las cosas que quieres hacer mañana. Encima de cada elemento anota cuánto tiempo te tomará completarlo (sé realista). Descarga el plan diario que encuentras en anaavila.org/24horas y acomoda en él las tareas de tu lista, según el tiempo que tomará cada una. Añade en el plan diario tus actividades cotidianas: dormir, comer, pasar el tráfico, prepararte para salir de casa, pasar tiempo con tu familia, etcétera.

• ¿Fueron suficientes veinticuatro horas?

• ¿Tienes más o menos tiempo del que esperabas? ¿Qué cambios puedes hacer para aprovechar mejor el día de mañana?

5

LÍMITES

Mala noticia: no puedes hacerlo todo.

M e gusta pensar que puedo lograr cualquier cosa. Que nada está fuera de mi alcance. Que si me esfuerzo lo suficiente puedo entender todas las cosas. Que si organizo mejor mis asuntos pendientes puedo leer unos doscientos libros al año. Que el sueño no es tan necesario como entregar los siete proyectos con los que me comprometí al mismo tiempo. Que el ejercicio no hará ninguna diferencia en los resultados de mi análisis médico. Que las frutas y verduras son solo una sugerencia. Que si respondo ese correo electrónico a primera hora de la mañana, mi jefe verá lo responsable que soy. Que si digo las palabras correctas, mi amiga por fin entenderá que debe hacerse responsable de sus actos. Que está bien leer la Biblia solo de vez en cuando y que no pasa nada si no he orado en toda la semana.

En resumen, me gusta pensar que no tengo límites. Aunque mi energía cae en picada a las seis de la tarde, prefiero convencerme de que escribiré «en un rato más» y que ahora mismo puedo ver un poco de televisión. Aunque sé que mi familia tiene historial de diabetes, prefiero convencerme de que no pasa nada si como otro pedazo de pastel. Aunque sé que necesito recordar el evangelio cada día, prefiero convencerme de que no pasa nada si dejo para mañana (otra vez) mi lectura de la Biblia. Aunque mi agenda tiene suficientes compromisos, prefiero convencerme de que sí podré cumplir con las responsabilidades de un nuevo ministerio en la iglesia. Me gusta pensar que los límites están en mi cabeza y que si me esfuerzo lo suficiente podré superarlos y lograr cualquier cosa que me proponga.

La realidad es que los límites no están en mi cabeza, sino en mi naturaleza.

La tentación de ser libres de todo límite nos persigue desde el Edén. La serpiente susurró: «Come esto y serás como Dios» (ver Génesis 3:5). Los primeros seres humanos cayeron en la trampa. Adán y Eva eran perfectos, creados a imagen de Dios, pero eso no fue suficiente para ellos. Eran limitados. Eran criaturas y necesitaban del Creador para existir y ser sostenidos. Tenían que comer y (quizá) dormir, y dependían de la revelación de Dios para saber qué era bueno y qué era malo. Así que escucharon la voz que les decía que había una manera de escapar de su humanidad y volverse iguales a Dios. Pero lejos de librarlos de sus límites, el pecado apretó esas restricciones con fuerza: a su condición natural como criaturas se le añadiría dolor, sudor y enfermedad.

Hoy no comemos frutos prohibidos, pero seguimos huyendo de aquello que nos hace reconocer que somos dependientes y vulnerables. Algunos buscan escapar de sus limitaciones humanas trabajando frenéticamente: leyendo libros de autoayuda, tomando cursos intensivos y suplementos alimenticios, o intentando adoptar un horario de sueño polifásico.* Otros toman la ruta contraria: intentan escapar de sus limitaciones simplemente ignorándolas. Aunque saben que una persona promedio necesita entre siete y nueve horas de sueño, ellos aseguran que son la excepción. No van al médico ni se preocupan por su dieta o el ejercicio. Dicen «sí» a cada proyecto interesante que se les presenta, pensando que después averiguarán cómo entregar todo a tiempo.

La verdadera productividad no se alcanza engañándote a ti mismo. El primer paso para dejar de ser esclavo de los límites es reconocer que los tienes.

Esta realidad me confronta cada vez que me siento a trabajar. Empiezo el día con la seguridad de que podré escribir unas cinco mil palabras antes de ir a la cama. Pero a pesar de que organizo con cuidado mi tiempo de trabajo y elimino prácticamente todas las distracciones, suelo terminar decepcionada cuando veo el contador de palabras al final de la tarde. La mañana siguiente, en lugar de ajustar mis expectativas y ser realista respecto a lo que puedo hacer en un día de trabajo, amanezco convencida de que esta vez será diferente. De que lo único que necesito es ajustar un poco mi rutina y despertar un poco más temprano, o quizá aislarme del mundo y escribir en una cabaña en el bosque.

---

* Dormir en segmentos cortos a lo largo de veinticuatro horas en lugar de en un solo bloque de siete a nueve horas.

No puedo negar que hay ocasiones en que sí necesito ser más diligente. Hay días en los que me dejo vencer por las dificultades laborales o domésticas y caigo en una espiral de procrastinación e improductividad. Ni trabajo ni descanso, solo evito mis responsabilidades. Con todo, incluso en los días en que soy diligente y cumplo con las cosas que sé que debo hacer, la mentira de que «serás como Dios» hace que termine mi jornada sintiéndome derrotada. Nunca es suficiente. Quiero hacer más. Quiero *ser* más.

Ese deseo de *ser más* indica que nuestros corazones han vagado una vez más en su búsqueda de grandeza. En lugar de descansar en que Dios sostiene a mi familia, estoy convencida de que todo estará bien solo si hago las cosas correctas de la manera correcta. En lugar de ver mi trabajo como un servicio a otros que refleja cómo Dios me sirvió a mí, dejo de dormir para entregar todo a tiempo e impresionar a mis colegas con mi eficiencia. Cuando rechazamos nuestros límites —ya sea a través del trabajo excesivo o intentando pretender que no existen— estamos buscando grandeza en nosotros mismos en lugar de en Dios. Estamos buscando demostrar que no necesitamos de otros ni de *Otro*.

Sin embargo, ninguno de nosotros fue creado para llevar la carga del mundo sobre sus hombros. Fuimos creados para reflejar la imagen de aquel que sostiene sin esfuerzo el universo en la palma de su mano. Eso no lo hacemos solo a través de nuestro trabajo, sino también a través de nuestro descanso y nuestras limitaciones. Cuando un profesor declina la invitación a dar clases adicionales para poder pasar más tiempo en casa, en lugar de intentar ganar un poco de dinero extra a costa de su familia, está apuntando a aquel que sí puede estar plenamente presente en todo lugar a la vez. Cuando un escritor refiere a un colega una oportunidad de trabajo, en lugar de pretender que domina el tema mientras pasa noches de desvelo investigando, está apuntando a aquel que sí sabe todas las cosas desde antes del principio. Cuando un padre ora en secreto por la salvación de su pequeño, en lugar de manipularlo con caramelos para obtener un buen comportamiento, está apuntando al único que puede transformar a las personas desde lo profundo del corazón. Como escribe Jen Wilkin en su libro *Nadie como Él,* no somos llamados a «ser como Dios en su divinidad ilimitada, [sino que] somos llamados a ser como Dios dentro de los límites de nuestra humanidad. La única forma en que podemos llevar su imagen apropiadamente es aceptando nuestros límites».[1]

⊛ ⊛ ⊛

El salmista nos recuerda que los seres humanos somos una paradoja de grandeza y pequeñez:

> Cuando contemplo tus cielos,
>   obra de tus dedos,
>   la luna y las estrellas que allí fijaste,
>   me pregunto:
> «¿Qué es el hombre,
>   para que en él pienses?
> ¿Qué es el ser humano,
>   para que lo tomes en cuenta?».

Pues lo hiciste poco menos que Dios,
y lo coronaste de gloria y de honra:
lo entronizaste sobre la obra de tus manos,
todo lo sometiste a su dominio.
(Salmos 8:3-6)

Aceptar nuestros límites no es negar el incalculable valor que tenemos como seres humanos. Es cierto que Dios le ha concedido a cada uno de nosotros un potencial enorme que puede ser explotado para su gloria y el bien de los demás. Pero también es cierto que somos pequeños y frágiles.

Abrazar nuestros límites es reconocer que Dios es el único que puede remediar todas las cosas. Él nos hace parte de su plan y —como los siervos de la parábola de los talentos— debemos trabajar con excelencia y cumplir con lo que él nos ha mandado con diligencia. Sin embargo, cada esfuerzo debe estar fundamentado en la convicción de que Dios es el único omnipotente, omnisciente, omnipresente; el único que controla todas las cosas y en quien descansa nuestro futuro.

Si Dios es el único omnipotente, yo puedo descansar cada noche incluso si siento que mis responsabilidades son demasiado para mí.

Si Dios es el único omnisciente, yo puedo consultar a otras personas sin temor a que alguien me llame ignorante.

Si Dios es el único omnipresente, yo puedo disfrutar del tiempo de juego con mi familia sin sentirme culpable porque debería estar trabajando.

Dios nos hizo como criaturas que requieren dormir, comer y beber por una buena razón. El mundo no depende de nosotros. Cada noche de sueño es un recordatorio de que no necesitamos estar trabajando para que el universo siga en actividad. Cada vez que nos sentamos a comer se convierte en un recordatorio de que no solo existimos para nutrir, sino también para ser nutridos. Cada vaso de agua que calma la sed es un recordatorio de que es solo Jesús quien puede satisfacer para siempre la sed espiritual de todo ser humano.

CAMINA AL CENTRO DE LA VERDADERA PRODUCTIVIDAD

Identifica tus límites

Una cosa es aceptar que tenemos límites y que esto es algo bueno, otra cosa es identificar exactamente cuáles son. Aunque todos necesitamos comer, dormir, beber agua y ejercitarnos (entre otras cosas), no todos debemos hacerlo en la misma medida o de la misma manera.

Por ejemplo, yo soy extremadamente madrugadora. Disfruto mucho empezar el día muy temprano. Mis niveles de energía se encuentran al máximo a las cinco de la mañana. A mediodía empiezo a notar que mi creatividad comienza a decaer, y para las seis de la tarde mi cerebro entra en una especie de «modo automático». Después de esa hora, cualquier tipo de trabajo creativo me resulta extremadamente difícil. Luego de mucho tiempo de intentar trabajar a diferentes horas del día, me he dado cuenta de que la mejor manera de aprovechar mi energía es hacer mi trabajo creativo por la mañana y el trabajo manual (como limpiar la casa o preparar comida) por la tarde.

Además de los límites físicos, también es útil identificar nuestros límites psicológicos. Debido a que no se me dificulta hablar en público, a muchos les sorprende descubrir que soy bastante introvertida. Gasto muchísima energía cuando paso mucho tiempo en contextos en donde debo interactuar con una gran cantidad de personas. Es importante que tome eso en cuenta cuando hay alguna reunión social o de la iglesia. Por supuesto, mi introversión no es razón para dejar de congregarme o aislarme de los que me rodean, pero sí vale la pena prepararme para los días en que mi calendario señala que tendré que reunirme con mucha gente.

Otras personas pueden tener límites de dieta, ejercicio, terapias, medicamentos, clases especiales y demás. Es importante que estemos conscientes de cada límite y no los veamos como algo de lo que tenemos que escapar para poder ser productivos, sino como un lugar en donde podemos ser productivos. Algunos límites son universales (todos necesitamos dormir) y otros son más particulares (algunos necesitan evitar ciertos alimentos); algunos límites son pasajeros (tratar de resolver un problema después de una abundante comida) y otros son permanentes (el horario de oficina). Sea como sea, en medio de cualquier tipo de límite podemos usar lo que tenemos para honrar a Dios y servir a nuestro prójimo.

Planea de acuerdo con tus límites

Es crucial que, al planificar nuestra jornada, no solo tomemos en cuenta el reloj, sino también nuestros límites físicos y mentales.

Como mencioné antes, suelo tener mis niveles de energía al máximo durante las primeras horas de la mañana. Por esta razón procuro ir a dormir relativamente temprano, buscando organizar la mayoría de mis asuntos pendientes y reuniones durante la mañana y la media-tarde. Si no lo hago, es fácil que las horas de la tarde-noche se conviertan en horas de procrastinación e improductividad. Al ser madrugadora, el mejor uso que puedo darle a las primeras horas de la noche es dormir. Así estoy llena de energía durante la mañana y puedo aprovecharla trabajando en mis tareas mentalmente demandantes.

Es importante que, después de identificar tus horarios óptimos de energía, procures organizar tus actividades para aprovecharlos al máximo. Por supuesto, no todos tenemos la misma flexibilidad de horario y en algunas temporadas caóticas de la vida no queda más remedio que dormir donde se pueda y cuando se pueda. Eso está bien. Pero, en la medida de lo posible, procura identificar tus horarios óptimos de energía y emplearlos para realizar las tareas más importantes del día. Incluso un pequeño cambio puede hacer una gran diferencia (por ejemplo, evitar usar el móvil hasta que hayas realizado tu tarea más importante por la mañana). Deja las tareas más rutinarias (como limpiar o responder correos electrónicos) para los momentos en que tu energía esté disminuyendo.

Otro ejemplo podría ser el de una mamá durante sus primeros meses de crianza. Por lo general, esta temporada de vida es en extremo rutinaria y suele llevar al aislamiento. En el caso de una mujer extrovertida todo esto puede ser particularmente difícil de sobrellevar. Para satisfacer la necesidad natural de convivencia, esta madre podría planear su semana de manera que cada dos o tres días pueda salir a reunirse con otras madres de niños pequeños. Incluso podría hacer una de sus prioridades pedir ayuda de vez en cuando para que alguien cuide a sus hijos y ella tenga tiempo de salir y convivir con otros adultos de manera más relajada.

Cuando organices tu lista de asuntos pendientes y tu calendario, usa tus límites para delimitar qué tantas responsabilidades puedes asumir y en qué momento puedes cumplirlas. No te engañes a ti mismo pensando que puedes funcionar al cien por ciento durante todo el día. Eres un ser humano, no un robot (hasta a ellos hay que cargarles las baterías cada cierto tiempo).

Aprende a decir «no»

Para planear tomando en cuenta tus límites tendrás que acostumbrarte a utilizar la palabra «no». Obviamente, tendrás que decir «no» cuando otras personas te pidan cosas que van más allá de lo que puedes manejar hoy. Pero lo más importante es aprender a decirte «no» a ti mismo.

Cuando llega la tentación de entrar a mis redes sociales por la mañana en lugar de hacer mi tarea más importante del día debo decir: «No, Ana». Cuando estoy leyendo una novela muy intrigante que podría consumir absolutamente todo mi día de trabajo debo decir: «No, Ana». Cuando quiero racionalizar mi decisión de saltarme mis treinta minutos de ejercicio y mejor ver televisión debo decir: «No, Ana». Cuando quiero pasar toda la noche escribiendo en lugar de irme a descansar debo decir: «No, Ana».

Eres la persona con la que pasas más tiempo, así que eres la persona que más puede entorpecer tu propio camino hacia la verdadera productividad. Aprende a identificar cuándo estás siendo tentado a saltar tus límites, detente y di «no».

Ahora bien, decirse «no» a uno mismo es más fácil que decirles «no» a los demás. Uno no tiene que ser particularmente amable consigo mismo (aunque sí vale la pena que te recuerdes el evangelio y no seas demasiado duro contigo) y es difícil que uno se ofenda solo. Cuando les decimos «no» a los demás las cosas son muy distintas. En dependencia de la cultura en que te encuentres, decir «no» sin rodeos puede ser más o menos complicado. Aquí van algunas ideas que pueden ayudarte:

- **Tómate tu tiempo:** Muchos «sí» de los que después nos arrepentimos vienen por apresurarnos a dar una respuesta. No sientas la obligación de contestar a toda petición de inmediato. Di algo como: «¡Muchas gracias por considerarme para esto! Dame unos días para pensarlo y te haré saber si puedo». Date tiempo para orar, considerar tus responsabilidades actuales y platicar tus opciones con dos o tres personas de confianza. Responde solo cuando estés convencido de lo que vas a decir.

- **Sé amable pero firme:** Algunos tienen miedo de decir «no» porque sienten que solo las personas «importantes y ocupadas» pueden darse el lujo de declinar las peticiones de los demás. No. Tu tiempo, energía, habilidades y enfoque son igual de importantes que los de los demás. Debes usarlos con sabiduría. Puedes declinar amablemente y con firmeza sin sentirte culpable.

- **Deja muy claro tu «no»:** Puedes escribir tres párrafos (para un guatemalteco) o una oración (para un estadounidense), pero asegúrate de que cuando digas «no», lo dejes muy claro. No ignores el mensaje, no evites la pregunta cambiando el tema o, lo peor, no digas «sí» para luego no hacer lo que te comprometiste a hacer. Agradece la oportunidad y declínala claramente. Que a nadie le quede duda de que no harás lo que te pidieron.

- **Evita dar explicaciones:** No necesitas convencer a nadie de que tu «no» está justificado. Eso es entre tú y Dios (y, si estás casado, tu cónyuge). Muchas personas intentarán convencerte de que puedes ajustar tu agenda para comprometerte con su petición (¡y otros querrán hacerte sentir culpable!); no te enredes demasiado. Di «no, gracias» las veces que sea necesario.

- **Ofrece alternativas:** Una buena manera de suavizar el impacto de tu «no» es dirigir a la persona en otra dirección. No se trata de «aventarle el problema» a alguien más, sino de encontrar a alguien que sea más adecuado para la tarea. Otra alternativa es pedirle a la persona que te escriba más adelante, cuando tu agenda esté menos apretada.

- **Recuerda que un «no» puede ser temporal:** Hay muchas cosas que soñamos hacer y no podemos hacer en un momento determinado; decir «no» puede sentirse como rechazar una oportunidad única para siempre. No tiene que ser así. Hay temporadas de vida en las que tendremos que decir «no» más seguido, pero tengamos en mente que ese «no» puede ser en realidad solo un «todavía no».

Decir «no» es importante no solo para las peticiones grandes, sino también para todos los días. Recuerda, cada actividad, por pequeña que sea, consume nuestros recursos. Asegurémonos de no ignorar nuestros límites tomando más de lo que podemos manejar, solo así podremos caminar haciendo las cosas correctas de la manera correcta.

🍃 🍃 🍃

Reconocer mis límites me recuerda que Dios es Dios y yo solo soy una de sus criaturas. Él es el único que puede sostener el universo en su mano; él es el único que conoce cada detalle y cumple su propósito sin fallar a cada instante, orquestando todos los sucesos del universo conforme a su voluntad. Reconocer mis límites me mueve del centro del escenario y me quita un gran peso de encima. Yo no soy la que va a poner en orden todas las cosas. Soy un pequeño hilo en el gran tapiz de la historia de la redención. Tengo el privilegio de estar aquí y hacer cambios en el mundo; de transformar las vidas de los que me rodean a través de actos ordinarios de amor y servicio.

La lista de tareas jamás termina. Siempre habrá correos que responder, platos que lavar, artículos que escribir, clientes a los que llamar y alumnos a los que enseñar. Las necesidades de este mundo son incontables. Aunque es doloroso admitirlo, nosotros no podemos suplirlas todas. Somos solo una pequeña parte de todo lo que Dios está haciendo para restaurar el universo. Reconocer la realidad de mis límites no me impide caminar en las buenas obras que Dios preparó para mí (Efesios 2:10), pero intentar jugar todos los papeles sí me detiene de hacer con excelencia lo que realmente me toca hacer. Cada creyente tiene su parte en la misión, y todos somos igual de valiosos.

Ningún ser humano fue diseñado para llevar el peso del mundo sobre sus hombros. Solo Jesús cargó con todo el pecado de su pueblo. Él fue aplastado por nuestra maldad para que nosotros, aún en nuestros límites humanos, podamos caminar con libertad.

❧ ❧ ❧

PARA REFLEXIONAR:

1. ¿Cuál de tus límites humanos eres más propenso a ignorar? ¿Por qué?

2. ¿Cómo cambiaría tu productividad si abrazaras ese límite?

PARA ACTUAR:

* Identifica el límite que eres más propenso a ignorar y escribe tres ideas prácticas que puedan ayudarte a respetarlo.

Algunos ejemplos:

- Ir a dormir a la misma hora todas las noches.

- Hacer un plan de comida saludable para la semana.

- Decir «no» sin dar explicaciones.

6

DECISIONES

Buena noticia: no tienes que hacerlo todo.

Cada vez que entro en una librería tengo sentimientos encontrados, me lleno de tristeza y alegría al mismo tiempo. Verás, en ese lugar hay solo un minúsculo porcentaje de todos los libros que se han publicado en la historia. Aun así, las estanterías están repletas de novelas, ensayos científicos, biografías y más... estar en medio de todos esos volúmenes me recuerda lo poco que podré leer durante mi vida. Visitar una librería me llena de alegría porque me emociono al pensar en todo lo que puedo aprender de la infinidad de páginas que me rodean. Pero visitar una librería también suele llenarme de tristeza: no importa lo mucho que me esfuerce, jamás podré leer todos los libros que quiero leer.

Quizá conoces ese sentimiento. Hay muchas cosas que quieres hacer, muchas metas por lograr, muchos lugares que visitar, pero el tiempo es limitado. El dinero, ni se diga.

Nuestra energía también. Incluso nuestras habilidades, aunque podemos desarrollarlas, suelen parecer menos de las que necesitamos para alcanzar todo lo que soñamos alcanzar. En nuestra juventud no queremos creerlo, pero con el tiempo lo aceptamos: no podemos hacerlo todo.

Esto podría desanimarnos, pero no tiene que suceder así. Darnos cuenta de que no podemos hacerlo todo no tiene que convertirnos en personas amargadas con sueños destrozados. Tenemos límites porque necesitamos que se nos recuerde continuamente que no estamos en el centro de la historia. No podremos jugar todos los papeles, pero podemos gozarnos en hacer lo mejor que podamos la parte que Dios nos ha llamado a hacer. No podemos hacerlo todo, pero eso está bien: no tenemos que hacerlo todo. Ser un hilo en un tapiz puede ser decepcionante si solo nos vemos a nosotros mismos. Sin embargo, nuestra actitud cambia cuando apreciamos la belleza de los hilos que nos rodean y nos gozamos en la manera en que todos entretejidos formamos algo mucho más grande que nosotros mismos. Tenemos el privilegio de ser parte de algo infinitamente más glorioso que cualquier cosa que pudiéramos lograr nosotros solos.

❦ ❦ ❦

Una vida productiva es una vida que busca honrar a Dios con todo lo que tiene. Entender esto puede llenarnos de alegría: todos nosotros podemos ser productivos, porque todos podemos buscar honrar al Señor. Pero entender esto también podría llenarnos de una tristeza paralizante. Vemos nuestros recursos limitados —tiempo, talentos, energía, dinero y más— y no sabemos ni por dónde empezar. ¿Qué decisión debería tomar? Entendemos que *tenemos tiempo para hacer todo lo que deberíamos estar haciendo*; sin embargo, ¿cómo podemos saber qué es exactamente lo que deberíamos estar haciendo? ¿Debería entrar a la universidad o irme de misionero a un país lejano? ¿Quiere Dios que me case con esta persona o con aquella? ¿Está bien si busco un nuevo empleo o mejor me quedo donde estoy?

En nuestro afán por encontrar el camino correcto, los cristianos nos volvemos a la Biblia. El problema es que solemos hacerlo de la manera equivocada. Cuando queremos tomar una decisión importante, muchos utilizamos la Escritura como una especie de bola de cristal: queremos que uno de sus versículos nos diga exactamente qué hacer, cuándo hacerlo y cómo hacerlo. Hemos aprendido que, de alguna forma u otra, Dios usará las palabras de la Biblia (acompañadas de alguna «fuerte impresión en el corazón» o una «puerta abierta») para decirnos si debemos ser líderes de jóvenes o de alabanza, tener dos o siete hijos, o si deberíamos estudiar comunicación o ciencias de la salud.

En el libro *Haz algo*, Kevin DeYoung explica que hay tres maneras en las que solemos hablar de la voluntad de Dios. La primera es la que llamamos *voluntad decretada*, que es básicamente cualquier cosa que sucede en el mundo. La Biblia dice una y otra vez que todo lo que pasa, pasa solamente porque Dios lo permite. Él tiene el control absoluto sobre el universo, incluyendo los detalles más insignificantes de nuestras vidas, como los cabellos que se caen de nuestra cabeza (Mateo 10:30). Eso no significa que Dios sea autor del pecado y la maldad, sino que él los permite temporalmente para cumplir sus propósitos eternos de redención; después de todo, si Dios eliminara en un instante todo el pecado y la maldad de la tierra, nosotros también seríamos eliminados.

Por otro lado, tenemos la *voluntad de deseo* de Dios, que es la que él ha revelado en las Escrituras. Estos son los mandatos específicos acerca de cómo debemos vivir. DeYoung explica que los «decretos [de Dios] nos dicen cómo son las cosas, sus deseos nos dicen cómo deberían ser las cosas».[1]

La tercera manera en que solemos hablar de la voluntad de Dios es la *voluntad de dirección*: «¿Qué es exactamente lo que Dios quiere que yo haga ahora mismo?». La voluntad de dirección suele ser aquello que más nos preocupa, aunque, irónicamente, Dios jamás promete dirigirnos en su voluntad de esta manera.

No negaré que a veces me gustaría que todo fuera más sencillo. Sería muy práctico que Dios nos hablara por teléfono o nos enviara un correo electrónico con una lista detallada de todo lo que debemos hacer cada día. Aunque obedecer probablemente sería igual de difícil (después de todo, nuestros corazones rebeldes seguirían siendo los mismos), al menos podríamos saber exactamente qué es lo que Dios espera de nosotros, incluso en los detalles cotidianos de la vida. No tendríamos que lidiar con la incertidumbre y el miedo a equivocarnos. Pero Dios no ha decidido hablarnos así.

Por supuesto, los cristianos tenemos en la Escritura todo lo que necesitamos para vivir en la piedad, pero en la Biblia no encontramos una respuesta directa sobre si debemos emprender un negocio de construcción o inscribirnos en el seminario bíblico. A veces queremos usar versículos de la Biblia para justificar nuestras decisiones, pero seamos honestos: «Esfuérzate y sé valiente» (Josué 1:6, RVR1960) puede servir tanto para quedarte en tu empleo actual como para buscar uno nuevo. Usar versículos fuera de su contexto para tomar una decisión dependerá siempre de cómo te sientas: ¿te da más miedo tu jefe o el reto de entrar a un nuevo lugar de trabajo? La experiencia y la Biblia (ver Jeremías 17:9) nos dicen que los sentimientos no son muy confiables a la hora de tomar decisiones.

La Biblia fue escrita para nosotros, pero no primeramente *a* nosotros. Es un error ignorar a los receptores originales del texto como si las Escrituras hubieran llegado hasta nuestra mesita de noche sin atravesar muchos milenios y civilizaciones. Decir que Dios te llamó a ser predicador porque leíste: «Te di por profeta a las naciones» en Jeremías 1:5 (RVR1960) podría ser el equivalente a leer Jonás 1:2 («Anda, ve a la gran ciudad de Nínive») y querer zarpar a Mosul.* Por supuesto, aunque este tipo de llamados en la Biblia no fueron dados a nosotros de manera particular, de ellos podemos destilar principios que pueden ayudarnos a tomar decisiones santas en nuestro propio contexto. Aunque Dios no me ha llamado a predicar a Nínive como a Jonás, sí me ha llamado a hacer discípulos de todas las naciones (Mateo 28:19-20),

---

* Ciudad actual de Irak donde se encuentran las ruinas de Nínive.

dando a conocer el evangelio incluso a las personas que podría considerar mis enemigos. Pero esto es muy diferente a decir que Dios quiere que seas un rey millonario porque te tocó leer del reinado majestuoso de Salomón en 2 Crónicas 1· cuando estabas orando por dirección para tu vida.

La Escritura no es solo para mí, sino para cada creyente en la historia de la iglesia, desde el primer siglo hasta el final de los siglos y desde el Medio Oriente hasta las islas de Oceanía. En sus páginas encontramos la historia de un Dios creador formando un pueblo de pecadores perdonados y restaurados, para su gloria y por la eternidad. La Biblia no es un mapa del tesoro en el que Dios ha escondido el plan específico para *mi* vida, esperando que resuelva un montón de acertijos para, por fin, poder obedecerle. Los mandatos y promesas de la Escritura no son galletas de la fortuna para consultar al azar cada vez que debemos tomar una decisión importante. La Biblia es la Palabra de Dios que revela la persona de Dios para el pueblo de Dios. Para entender su mensaje necesitamos leerla completa y en su contexto; erramos cuando usamos la Biblia a nuestro antojo para apoyar la decisión que queremos tomar y también erramos cuando vivimos paralizados en temor solo porque no hemos encontrado el versículo correcto para actuar.

Pero entonces, ¿qué hacemos? Si Dios no nos ofrece detalles sobre qué estudiar en la universidad, qué trabajo tomar, en qué ministerio servir, con quién casarte o cuántos hijos tener, ¿cómo puedo saber cuáles son las cosas que debería estar haciendo?

CAMINA AL CENTRO DE LA
VERDADERA PRODUCTIVIDAD

Dios sí tiene un plan para nuestras vidas, porque hemos sido creados con propósito. Él quiere glorificarse y extender su reino a través de cada uno de sus hijos. Tenemos el privilegio de usar todos nuestros recursos para mostrarle al mundo quién es Dios y lo que él ha hecho por nosotros, sin importar quiénes seamos o cuán capaces nos sintamos. Cada cristiano ha sido llamado a amar a Dios y a su prójimo, haciendo discípulos dondequiera que vaya. Esa es la esencia del plan de Dios para nuestras vidas. Pero, ¿qué de los detalles? Esos no los sabemos y no necesitamos saberlos.

Dios te ha dado los recursos que necesitas para vivir una vida que le agrade, tomando decisiones santas con libertad. El Espíritu Santo mora en cada uno de los creyentes y nos guía a través de la Palabra, la iglesia y el sentido común para definir aquellas cosas que deberíamos estar haciendo.

Llénate de la Palabra de Dios.
La Biblia es el lugar donde Dios nos revela quién es y lo que ha hecho. En ella aprendemos cómo es la santidad. Por un lado, encontramos instrucciones directas que aplican para todos los creyentes en todos los lugares de toda la historia, por ejemplo, «oren sin cesar» (1 Tesalonicenses 5:17), «no cometas adulterio» (Mateo 5:27-28) y «no dejes de congregarte» (Hebreos 10:25). Por otro lado, aprendemos que hay muchas otras cosas en la vida que son asuntos que requieren sabiduría, por ejemplo, «todo es lícito, pero no todo es de provecho» (1 Corintios 10:23a, NBLA).

Aunque la Biblia no nos dará respuestas específicas para las decisiones que debemos tomar en la vida diaria, sí transforma nuestras mentes para convertirnos en personas que comprueban la buena, agradable y perfecta voluntad de Dios (Romanos 12:2). Los hijos de Dios conocen su voz y la siguen. Y aunque Dios no ha prometido darnos todos los detalles del camino (Deuteronomio 29:29), sí nos da la dirección: «Si alguien quiere ser mi discípulo, tiene que negarse a sí mismo, tomar su cruz y seguirme» (Mateo 16:24).

La Escritura no es un lugar al que vamos cada vez que tenemos miedo de equivocarnos al tomar una decisión. La Escritura es nuestra fuente de luz para cada día, a través de la cual Dios nos hace cada vez más a su imagen para tomar decisiones que lo honran, en lo grande y en lo pequeño. No necesitamos darles tanta importancia a las impresiones subjetivas del corazón («siento que Dios me está llevando a hacer esto») o a las supuestas puertas abiertas («se me presentó la oportunidad de hacer aquello»); después de todo, nuestras emociones son engañosas y pueden surgir oportunidades que deshonran a Dios (¡como el barco de Jonás!). Nuestro trabajo como creyentes es obedecer la voluntad de Dios claramente revelada en la Escritura y procurar sabiduría para todo lo demás.

Ora por sabiduría.
El Señor conoce tu corazón y sabe si tu deseo es honrarle a través de tus decisiones. Él conoce tus limitaciones y sabe que a veces te confunden las opciones que tienes enfrente. Dios no está esperando que des un paso en falso

para arruinar el plan perfecto que ha preparado para ti; más bien, él promete cumplir su propósito en ti y llevarte hasta el final pase lo que pase.

La voluntad de Dios es nuestra santificación, el ser hechos cada vez más a la imagen de su Hijo (1 Tesalonicenses 4:3; Romanos 8:29). Él no está sentado en una nube esperando que tomemos buenas decisiones para que esta voluntad se cumpla. Todo lo contrario. El apóstol Pablo exhortó a los tesalonicenses acerca de esta realidad al escribir: «Que Dios mismo, el Dios de paz, los santifique por completo, y conserve todo su ser —espíritu, alma y cuerpo— irreprochable para la venida de nuestro Señor Jesucristo. El que los llama es fiel, y así lo hará» (1 Tesalonicenses 5:23-24). A cada instante el Señor está trabajando a través de nuestras decisiones para convertirnos en las personas que él desea que seamos y para extender su reino en medio de nosotros.

Cuando oramos por sabiduría para tomar decisiones que honran a Dios, estamos pidiendo algo que sabemos que él se deleita en conceder con abundancia y sin reproche (Santiago 1:5). De la misma manera en que debemos alimentarnos continuamente de la Palabra, debemos permanecer en oración para que el Señor nos siga transformando en personas sabias y valientes que toman decisiones de acuerdo con la Palabra de Dios.

Pide ayuda.

Los seres humanos no fuimos hechos para estar solos. Todos tenemos puntos ciegos y a veces nos cuesta ver con honestidad nuestras motivaciones o capacidades, por lo que nos conviene recordar que «en la abundancia de consejeros está la victoria» (Proverbios 11:14b, NBLA). Una de las mejores cosas que podemos hacer para caminar con sabiduría es rodearnos de un grupo de amigos y familiares cercanos que amen al Señor y puedan ser completamente transparentes con nosotros. Estas personas pueden escuchar nuestros deseos, ayudarnos a orar por oportunidades y ofrecernos su perspectiva acerca de las situaciones a las que nos enfrentamos.

Aunque es imperativo que tengamos en cuenta el consejo de hombres y mujeres sabios y piadosos cuando estamos tomando decisiones importantes, debemos ser cuidadosos. Muchos de nosotros tenemos tanto miedo de equivocarnos que nos volvemos completamente dependientes de lo que otros dicen, y somos incapaces de actuar por nosotros mismos. Ningún ser humano es infalible. Es un error terrible convertir la voz de tus padres, tus pastores, tus jefes o tus líderes en la voz de Dios. Escucha el consejo, pero no olvides que es importantísimo que conozcas la Escritura por ti mismo. Si eres cristiano, recuerda que el Espíritu Santo mora en ti, y te concede dirección y fortaleza para discernir y caminar en sabiduría.

Toma decisiones y camina con fidelidad.

Una vez que hayas meditado en la Escritura, orado y escuchado el consejo de otros, lo único que queda es tomar una decisión. Hay ocasiones en que elegir requerirá algunas semanas; en la mayoría de los casos podemos tomar decisiones con relativa rapidez. Pero debo advertirte que a veces nuestro temor se viste de piedad. Nos aterra equivocarnos y pasan meses sin que demos ningún paso porque «seguimos orando al respecto». O nos desesperamos y empezamos a buscar señales por todos lados. Esto no es necesario. Repito, Dios no ha escondido códigos en la Biblia ni en ningún otro lado. Tienes libertad de elegir siempre que, por supuesto, tus decisiones no contradigan los mandatos directos de la Escritura, y de caminar con fidelidad en la dirección que has decidido tomar.

Habrá ocasiones en las que te des cuenta de que no has tomado la decisión más sabia. Quizá dijiste «sí» a dar una clase en la escuela dominical, pero no consideraste todo el tiempo que necesitabas para prepararte y estás incumpliendo con tu trabajo o tu familia. O tal vez empezaste a estudiar una carrera que no te está gustando mucho. Está bien. Esas cosas suceden. Será momento de tomar otra decisión: ¿continuar o finalizar tu compromiso de manera responsable? Podemos honrar a Dios incluso cuando hay que dar un paso atrás.

❧ ❧ ❧

En el Libro V de sus *Confesiones*, Agustín de Hipona relata el momento en el que dejó Cartago para establecerse en Roma. Agustín todavía no era un creyente y lo último que estaba en su mente al embarcarse en esa travesía era honrar al Señor; en sus palabras, él buscaba una «falsa felicidad». Con todo, Agustín reflexiona en cómo Dios usó incluso su perversidad para llevarlo al lugar donde tenía que estar: el país en donde su corazón sería convertido al Señor. En una oración de adoración, el teólogo reconoce: «Solo tú,

¡oh Dios!, sabías la verdadera causa de la marcha de una ciudad a otra».[2]

No sabemos a dónde nos llevarán las decisiones que tomamos, pero sí sabemos que Dios las está usando para su gloria y nuestro bien. Cuando nos enfrentamos al futuro podemos descansar en la verdad de que los planes del Señor son mucho más altos que los nuestros, y él los cumplirá sin importar nuestras limitaciones o fracasos. Dios nos ha dado todo lo que necesitamos para caminar en la piedad. No tenemos nada que temer. Caminemos buscando la sabiduría y procurando aprovechar nuestros recursos lo mejor que podamos. Él se glorificará a cada paso que damos.

● ● ●

PARA REFLEXIONAR:

1. Con lo que has aprendido hasta aquí, ¿crees que podemos cumplir nuestra misión (amar a Dios y amar a otros, haciendo discípulos) a través de decisiones que no tienen nada que ver con el ministerio en la iglesia? ¿Cómo?

2. Recuerda algunas de las decisiones más importantes que has tomado en tu vida. ¿Cómo Dios se ha glorificado a través de ellas?

3. Medita en algunas de las cosas que *deberías* estar haciendo según la Biblia (permanecer en la Palabra y en oración, congregarte, dar a conocer el evangelio, etcétera). ¿Cómo puedes ajustar tu agenda o integrarlas en tu día a día para darles la prioridad que merecen?

4. Piensa en una decisión que tienes miedo de tomar. ¿Qué es lo que te impide actuar?

PARA ACTUAR:

* Dibuja cuatro columnas en una hoja de papel. En la primera columna coloca las *cosas que estás haciendo*. Escribe ahí todos los proyectos que vienen a tu mente, ya sean del trabajo, del ministerio o de tu vida personal. En la siguiente columna escribe

las *cosas que te gustaría estar haciendo*. Anota ahí todas las actividades que te interesa realizar, pero no te has dado el tiempo de incluir en tu día a día.

Durante las siguientes semanas, reflexiona en estas dos columnas y empieza a tomar decisiones. ¿Hay cosas que puedes eliminar o posponer? Da los pasos que tengas que dar para finalizar o delegar los compromisos en los que crees que ya no debes estar trabajando. Una vez que lo hayas hecho, táchalos de tu lista. Si hay algún proyecto que puedes posponer para más adelante, colócalo en la tercera columna: *cosas para hacer después*. Finalmente, transfiere (poco a poco) a la cuarta columna todos los proyectos que estás convencido de que sí deberías estar haciendo ahora mismo.

7

ENFOQUE

Si no fijas tus ojos en la meta, acabarás perdido.

Los cardos y espinos del siglo XXI no suelen ser cardos y espinos. La dificultad de nuestras labores parece muy distinta a la que enfrentaba la mayor parte de la humanidad que se dedicaba a labrar el campo y criar ganado. Los *community managers* lidian con los *trolls*. Los médicos con los diagnósticos difíciles. En mi caso, al ser escritora, mis cardos y espinos son las limitaciones de mi propio razonamiento; mi lucha eterna es con las ideas enmarañadas en mi cabeza. Si mi hijo pudiera hablar, diría que el trabajo de mamá es mirar un rectángulo brillante con el ceño fruncido.

Por eso quiero escapar.

Concentrarme no es fácil. Incluso cuando elimino todas las distracciones —notificaciones apagadas, teléfono bloqueado, audífonos a prueba de sonido— mi mente quiere entretenimiento superficial. Mientras escribo, quiero dejar de escribir. Mis ojos quieren desviarse del objetivo, porque correr hasta el final es doloroso. Por supuesto, caerse o perderse es doloroso también, pero la Ana del futuro puede encargarse de eso. Por ahora solo quiero distraerme.

Es bueno saber que tenemos tiempo para hacer lo que debemos estar haciendo. Es fantástico entender que no podemos hacerlo todo y que no tenemos que hacerlo todo. Sin embargo, no sirve de nada definir todas esas cosas que sí tenemos el privilegio de hacer si al final no hacemos nada. ¿Y qué necesitamos para hacer las cosas correctas de la manera correcta? Enfoque.

Enfocarnos es mantener nuestra atención en algo de manera deliberada para cumplir un objetivo. Es lo opuesto a lo que solemos hacer cuando respondemos de manera instintiva a los estímulos a nuestro alrededor. En lugar de decidir en dónde nos enfocamos, vamos de un lado al otro sin pensarlo demasiado y sin lograr absolutamente nada.

Nos gusta pensar que podemos poner nuestra atención en varios lugares a la vez sin afectar las actividades que estamos realizando. Pero nuestro cerebro no tiene esa capacidad. Solo podemos hacer dos cosas al mismo tiempo cuando una de las cosas que estamos haciendo es tan habitual que no necesitamos pensar en ella para realizarla (por ejemplo, escuchar un libro mientras caminas o lavas los platos). Más allá de eso, el «multitarea» es solo un mito. Lo que estamos haciendo es cambiar de actividad con rapidez, fragmentando nuestra atención en todas direcciones en lugar de colocar verdaderamente nuestros ojos en la tarea que tenemos delante.

Esta realidad nos humilla. Para usar nuestro enfoque de manera correcta debemos admitir que no podemos estar en todas las cosas a la vez. No obstante, esto me hace recordar, una vez más, que no necesito estar en todas las cosas a la vez. Ya que todo tiene su tiempo (Eclesiastés 3:1), tenemos libertad de poner todo nuestro enfoque en aquello que ahora mismo es tiempo de hacer. Si trabajamos, nos enfocamos en trabajar. Si descansamos, nos enfocamos en descansar. Mientras escribo este libro, debo luchar contra la tentación de distraerme revisando el móvil cada vez que me topo con alguna dificultad para articular mis ideas. Mientras juego con mi pequeño, debo luchar contra la tentación de distraerme en el afán de que mañana debo escribir al menos tres mil palabras si quiero terminar mis proyectos a tiempo. Una vez que sé qué es lo que debo estar haciendo, mi responsabilidad es enfocarme en esa tarea para realizarla de la mejor manera posible, glorificando a Dios en mi trabajo y en mi descanso.

❦ ❦ ❦

Por alguna razón que hasta hoy se desconoce, los seres humanos no podemos caminar en línea recta si no contamos con indicadores visuales. En una serie de experimentos llevados a cabo por el psicólogo Jan Souman, se observó que el simple hecho de que fuera un día nublado en el bosque o en el desierto, donde el panorama parece el mismo todo el tiempo, ocasionaba que las personas caminaran en círculos en lugar de en línea recta. Cuando se vendaron los ojos de los participantes, su trayectoria se volvió aún más errática, y terminaron caminando en círculos mucho más pequeños.[1] Por más que intentaran caminar en línea recta, sin sus ojos fijos en algo, los participantes acababan completamente perdidos.

Lo mismo nos pasa a nosotros, tanto en lo sublime como en lo cotidiano. Es por una buena razón que la Biblia nos dice que corramos la carrera que tenemos por delante con los ojos puestos en Jesús (Hebreos 12:1-2). Cuando no estamos asegurándonos de que nuestra mirada está puesta en la meta, terminamos desviándonos, preocupándonos más por las cosas temporales que por las eternas. Por más organizada que esté mi agenda, mi ser interior no podrá enfocarse en lo que debe hasta que descanse en el Señor. Con los ojos fijos en él podemos hacer las tareas que tenemos delante sabiendo que estamos caminando hacia la meta. Además, en el día a día, mucho de nuestro estrés aparece no porque no sabemos lo que deberíamos estar haciendo, sino porque cuando lo sabemos, somos tentados a poner nuestra mirada en otras cosas.

R. C. Sproul escribió que «pensar correctamente y actuar correctamente pueden distinguirse el uno del otro, pero nunca pueden ser separados».[2] Para usar de forma correcta nuestra atención debemos pensar de forma correcta acerca de nuestra atención. Lo primero que debemos aprender es que nuestra atención es valiosa. Junto con tu tiempo, tu atención es uno de los recursos más preciados que tienes. Hoy vivimos en la economía de la atención; compañías como Facebook y Google se encuentran entre las más lucrativas del mundo a pesar de que sus servicios son gratuitos, porque ellos les venden a los anunciantes en sus plataformas la atención que nosotros les regalamos en abundancia.

CAMINA AL CENTRO DE LA
VERDADERA PRODUCTIVIDAD

La atención es como un músculo: debemos ejercitarla. Los astronautas en la Estación Espacial Internacional deben hacer un promedio de dos horas de ejercicio diario para compensar la falta de resistencia de un ambiente de gravedad cero. De lo contrario, perderían su masa muscular y ósea. En nuestra era hiperconectada, tú y yo estamos en la misma situación. Vivimos la vida en correos electrónicos, mensajes de texto y videos de quince segundos. Hemos perdido gran parte de nuestra capacidad de enfocarnos en algo por un tiempo prolongado.

La analogía se sostiene cuando pensamos en el esfuerzo que requiere ejercitar nuestra atención. Es difícil y doloroso. Nuestro deseo será rendirnos rápido, porque los resultados no serán inmediatos. Pero necesitamos perseverar. Hay una guerra por nuestra atención. Es crucial invertir tiempo enseñándole a nuestra mente a resistir en la profundidad, en lugar de huir hacia la distracción. ¿Cómo? Las siguientes ideas son un buen lugar para empezar.

Pasa el menor tiempo posible en lo superficial.
Cada momento que pasamos en lo superficial nos afecta. Cal Newport, autor de *Enfócate*, escribe que «si pasamos

el tiempo suficiente en un estado de superficialidad frenética, el resultado es una reducción permanente de nuestra capacidad para llevar a cabo un trabajo profundo».[3] Esto debe despertarnos a la importancia de cada pequeña decisión que tomamos con respecto a nuestra atención.

Cada experiencia que vivimos moldea nuestro cerebro de forma minúscula pero real. Si vivimos en lo superficial, rodeados de impulsos que demandan nuestra atención a cada instante, nuestra mente perderá la capacidad de concentrarse en las cosas profundas. Es como cuando un niño pasa horas y horas frente a la televisión: pierde la capacidad de encontrar diversión en el mundo que le rodea y finalmente solo desea ser entretenido. Evita convertirte en un cerebro que solo quiere alimentarse con el azúcar de lo superficial.

Esto, por supuesto, no significa que nunca puedas relajarte y divertirte. Todo lo contrario. Significa que busques relajarte y divertirte con cosas que valgan la pena. Y cuando sea tiempo de descansar, enfócate en disfrutar ese descanso.

Haz espacio para la profundidad.

En un mundo como el nuestro, donde la distracción infinita está literalmente al alcance de nuestros dedos, es necesario ser intencional para pasar tiempo en la profundidad. Esto significa eliminar toda distracción opcional durante ciertos momentos del día para poder enfocarte en las cosas importantes que tienes adelante y que requieren una mayor atención de tu parte. Prueba el siguiente ejercicio:

A. Elige una actividad valiosa en la que quieras colocar tu completa atención; puede ser leer, escribir, jugar con tu pequeño, tener una conversación con algún ser amado, tocar un instrumento o preparar una comida compleja.

B. Determina un periodo de tiempo en el que dedicarás tu atención completa a esta actividad; puede ser algo tan breve como cinco minutos o tan extenso como una hora. Dependerá de tu capacidad de atención actual, de la naturaleza de la actividad y del tiempo que tengas disponible en tu agenda. No trates de alcanzar las estrellas. Cinco minutos bien enfocados son mejores que cuarenta minutos dispersos. Poco a poco podrás ir aumentando tu tiempo de enfoque.

C. Bloquea todas las distracciones que compitan por tu atención. No dependas de tus buenas intenciones. Arranca lo que te es ocasión de caer. En su libro *Hábitos atómicos*, James Clear escribe que «las personas con el mejor autocontrol son las que, por lo regular, menos tienen que utilizarlo».[4]

D. Enfócate en lo que tienes delante. Si tu mente empieza a divagar, regresa a tu objetivo. Si se presenta alguna dificultad que te hace querer huir hacia la distracción, haz una pausa. Respira. Recuérdate que solo son cinco o diez minutos. Detente si es necesario, pero hagas lo que hagas, no cedas ante la distracción. Cada decisión que tomes a favor del enfoque te hará más fuerte.

E. Descansa y repite. Poner atención requiere mucha energía, así que no te sorprendas si tu mente está cansada después de concentrarte en algo difícil durante un tiempo prolongado, especialmente si no estás acostumbrado a hacerlo con regularidad. Cal Newport, experto en lo que él llama «trabajo profundo», dice que una persona como él solo puede hacer este tipo de enfoque extremo durante unas cuatro horas al día. Repite este ejercicio tantas veces como puedas. Verás que mejorarás con la práctica.

Mantén tus ojos espirituales en la meta.

Aprender a concentrarnos en las cosas ordinarias no sirve de mucho si no aprendemos a concentrarnos en las cosas sublimes, corriendo hacia la meta con los ojos puestos en Jesús.

La manera más sencilla de poner nuestros ojos en lo eterno cada día es a través del desarrollo de disciplinas espirituales. Hablaremos más acerca de la formación de hábitos, incluyendo los hábitos de gracia, en el siguiente capítulo. Por ahora vale la pena mencionar que la lectura de la Biblia y la oración son prácticas básicas que nos llevan a quitar la mirada de nosotros mismos y nuestros problemas para colocarla en el Señor.

Los seres humanos somos olvidadizos. Damos tres pasos y nuestra mirada se empieza a desviar. Necesitamos recalibrar nuestro corazón continuamente para no extraviarnos mientras corremos la carrera de la fe.

En la doceava carta del libro *Cartas del diablo a su sobrino*, escrito por C. S. Lewis, el demonio Escrutopo le escribe a su aprendiz Orugario sobre una estrategia para enfriar poco a poco el corazón del cristiano que quieren destruir. Escrutopo le asegura que mientras más suavemente desvían al creyente de mirar a Dios, mejor. Poco a poco será cada vez más fácil que el «paciente» se distraiga de buscar al «enemigo». El demonio escribe:

[Entonces] descubrirás que cualquier cosa, o incluso ninguna, es suficiente para atraer su atención errante. Ya no necesitas un buen libro, que le guste de verdad, para mantenerle alejado de sus oraciones, de su trabajo o de su reposo; te bastará con una columna de anuncios por palabras en el periódico de ayer. Le puedes hacer perder el tiempo no ya en una conversación amena, con gente de su agrado, sino incluso hablando con personas que no le interesan en lo más mínimo de cuestiones que le aburren. Puedes lograr que no haga absolutamente nada durante períodos prolongados. [...] Todas esas actividades sanas y extrovertidas que queremos evitarle pueden impedírsele sin darle nada a cambio, de tal forma que pueda acabar diciendo, como dijo al llegar aquí abajo uno de mis pacientes: «Ahora veo que he dejado pasar la mayor parte de mi vida sin hacer ni lo que debía hacer ni lo que me apetecía».[5]

No es difícil imaginar las estrategias que Escrutopo recomendaría a su sobrino en el siglo xxi. Que no se diga de nosotros que pasamos poco tiempo en lo que debemos y disfrutamos hacer. Atesoremos nuestro enfoque y pongámoslo en aquello que vale la pena. Descansemos en que, aunque nuestros corazones agitados suelen anhelar la satisfacción inmediata de la distracción, Dios nos sigue llamando hacia él y nos ofrece gracia para seguir adelante cuando fallamos. Busquemos vivir una vida profunda, en el trabajo y el descanso. Invirtamos nuestra atención en lo que durará por la eternidad.

PARA REFLEXIONAR:

1. ¿Has notado cómo cambia tu día cuando buscas enfocar tu mirada en las cosas de arriba antes de empezar? Descríbelo en un párrafo breve.

2. ¿Cómo reaccionas cuando te enfrentas a una dificultad en el trabajo? ¿Escapas hacia la distracción? ¿Cómo piensas reaccionar después de leer este capítulo? ¿Qué medidas puedes implementar para hacerlo más fácil?

PARA ACTUAR:

* Establece un tiempo regular diario para ejercitar tu atención. Elige una actividad y enfócate: pon una alarma y evita correr hacia la distracción hasta que suene. Recuerda, el período para que suene la alarma no tiene que ser muy largo. La clave es ser constante.

8

HÁBITOS

Cada paso en la dirección correcta cuenta.

Mi cuerpo se rehusaba a funcionar la mañana después de mi primer día en el gimnasio. Pero me arrastré hasta el espejo y miré. Me puse de perfil y volví a mirar. Entrecerré los ojos buscando alguna evidencia de que el día anterior había pasado cuarenta y cinco minutos en una bicicleta sin ir a ningún lado, pero no encontré ninguna. Pensé en rendirme. ¿De qué sirve tanto esfuerzo si no va a haber ningún cambio?

Lo anterior es, por supuesto, un escenario ficticio. Comprendo perfectamente que desarrollar mi condición física a través del ejercicio y una dieta saludable produce cambios visibles solo de manera gradual. Deben pasar semanas, si no meses, antes de poder percibir alguna alteración en el exterior. Los cambios interiores llegan un poco más rápido, pero igual, al principio todo parece empeorar: mis músculos están tan adoloridos que apenas puedo moverme, y me quedo sin aliento solo con pasar diez minutos en la elíptica. Sin embargo, poco a poco voy descubriendo que tengo más energía que antes. Mis niveles de estrés empiezan a disminuir y hasta percibo el mundo con más claridad. Poco a poco me voy dando cuenta de que desarrollar el hábito del ejercicio vale la pena.

Aunque es fácil reconocer lo absurdo de esperar resultados inmediatos a la hora de ejercitarnos, muchos tenemos esa actitud cuando se trata de la productividad personal. Decidimos organizarnos o pasar menos tiempo en el móvil, y ponemos manos a la obra. Descargamos aplicaciones y pasamos toda la tarde viendo videos que nos enseñan a priorizar nuestros asuntos pendientes. Intentamos seguir las estrategias, pero nos damos cuenta de que no es tan sencillo como lo habíamos imaginado. Después de un par de días nos rendimos; volvemos a las mismas rutinas de siempre, convencidos de que simplemente no nacimos para ser personas productivas. Pero *ser* productivo no es encontrar la herramienta perfecta para mantener tu agenda bajo control.

Ser productivo es caminar día a día siendo transformado en una persona que usa lo que tiene para la gloria de Dios y el bien de los demás.

¿Cómo somos transformados? La respuesta podría decepcionarte. En gran parte, somos transformados a través de nuestros hábitos diarios. Las cosas que hacemos con regularidad son las que nos convierten en personas productivas o improductivas. Aunque soñamos con cambios inmediatos y extravagantes, crecer como personas productivas es un proceso que se lleva a cabo de manera gradual a través de nuestras actividades cotidianas. Dios usa medios ordinarios para hacer cosas extraordinarias en nosotros.

Para bien y para mal, todo ser humano es una criatura de hábito. Para bien, porque los hábitos liberan a nuestro cerebro de la carga diaria de miles de decisiones que ya se han vuelto automáticas. Para mal, porque muchas veces fallamos en darnos cuenta de cómo nuestras prácticas diarias nos moldean para convertirnos en personas que en realidad no queremos ser.

Todos tenemos hábitos buenos (lavarnos los dientes antes de ir a dormir), hábitos neutrales (la manera en que nos atamos los zapatos) y hábitos malos (ir al teléfono inmediatamente después de despertar). El problema es que no pensamos demasiado en ellos. ¿Por qué esto es un problema? Porque los malos hábitos —los patrones de conducta que tienen un efecto negativo sobre nuestras vidas— son los más fáciles de formar y los más difíciles de erradicar. Suelen tener una recompensa inmediata y sus efectos negativos pueden pasar desapercibidos o atribuirse a otra cosa. Nos hacen creer que «así es la vida» y nos ciegan a la realidad de que podemos hacer un cambio para mejorar. Estas características son una combinación letal que hace que los malos hábitos invadan prácticamente todas las áreas de nuestra vida sin que lo notemos.

Si despiertas y lo primero que haces es revisar tus redes sociales, te sentirás muy bien por un rato. Es muy probable que después llegue la culpa porque has perdido dos horas en el teléfono, e intentarás ponerte a hacer algo productivo. Pero todo lo que consumiste durante tu tiempo en el teléfono seguirá zumbando en tu cabeza, y sentirás el fuerte

impulso de ir a revisar el móvil por si hay alguna nove-
dad que no deberías perderte. Todo esto te hace caer en
una espiral de procrastinación que durará el resto del día.
Antes de dormir te harás la promesa de que no lo volverás
a hacer. Ya no más revisar el teléfono justo al despertar. Sin
embargo, cometes el error de dejar el móvil en el lugar de
siempre, con las aplicaciones de siempre listas para ofrecer-
te el entretenimiento de siempre. Estás convencido de que
puedes resistir la tentación. Pero llega la mañana y vienen
a tu mente todas las cosas que tienes que hacer durante el
día. Quieres escapar de la preocupación solo un momento, así que tomas el teléfono y el ciclo vuelve a empezar.
Una pequeña y aparentemente inofensiva decisión tomada
de manera constante te ha convertido en una persona que
pasa los primeros momentos del día ofreciendo su valioso
tiempo y atención a cambio de un poco de entretenimiento
superficial. Una persona que no quieres ser y que no tienes
que ser, pero que tus hábitos hacen que seas.

Así como el uso del teléfono a primeras horas de la
mañana, hay cientos de pequeñas decisiones diarias que
alteran el rumbo de nuestras vidas. Suena un poco dra-
mático, pero míralo de esta manera: James Clear utiliza el
ejemplo de la trayectoria de viaje de un avión. Si un piloto
sale del aeropuerto de Los Ángeles con la intención de llegar a Nueva York, pero cambia su dirección solo 3,5 grados al sur, el avión terminará en Washington, D.C., a unos
trescientos sesenta y dos kilómetros de su destino. Clear
escribe: «Una ligera variación en la dirección del avión significa llegar a un destino que está a una distancia muy con-
siderable del destino original».[1]

Cuando hablamos de productividad, solemos establecer metas idealistas sin darnos cuenta de que nuestras prácticas diarias nos llevan en la dirección opuesta. Decimos, por ejemplo, que queremos mantener nuestros asuntos pendientes en orden. Queremos ser capaces de saber cuáles son las cosas que debemos hacer cada día. Ese es el objetivo; sin embargo, ¿cómo vamos a alcanzarlo? Si cada vez que llega una nueva responsabilidad en el trabajo tienes la costumbre de simplemente decir: «Está bien, yo me encargo», y luego te olvidas de lo que te pidieron, estás caminando en la dirección opuesta a tu meta. La solución es ver tu objetivo y trazar un camino de hábitos que te lleve hacia él. Si lo que deseas es organizarte, podrías empezar por designar un espacio para cada objeto en tu escritorio y desarrollar el hábito de devolver a su sitio cada herramienta cuando termines de usarla. Al principio será difícil, pero poco a poco se volverá tan natural como antes era dejar todo regado. Este tipo de hábitos pequeños son los que, al paso del tiempo, nos llevarán a ser las personas productivas que queremos ser. Como escribe James Clear, «cada acción que realizas es un punto a favor del tipo de persona en quien te quieres convertir».[2]

Subestimamos el poder de la constancia, tanto en lo bueno como en lo malo. Los pasos pequeños pero constantes son mucho más efectivos para llevarnos a la meta que un gran salto de vez en cuando. Un aspecto importante de la vida productiva es aprender a identificar pequeños cambios que, con el tiempo, pueden transformar la manera en que aprovechamos los recursos que tenemos para amar a Dios y a los demás. La persona productiva busca desarrollar prácticas sencillas que la lleven en la dirección correcta.

Supongamos que Carol desea cultivar su profundidad. Se ha dado cuenta de que solo puede concentrarse por unos minutos cada vez que intenta sentarse a leer. ¿Qué hábitos podría desarrollar para crecer en esta cualidad del carácter? Estos son solo algunos ejemplos:

- Carol podría apagar su teléfono todos los días a las siete de la noche para pasar unas horas cada día sin las muchas distracciones que le ofrece.

- Carol podría poner una alarma de diez minutos en los que debe dedicarse únicamente a leer, resistiendo el impulso a distraerse con algo más. Poco a poco, su capacidad de atención ser irá fortaleciendo y podrá aumentar el tiempo que pasa leyendo.

- Carol podría establecer en su calendario dos horas para resolver asuntos pendientes «de principio a fin». En este tiempo ella buscará completar cada tarea una por una, sin intentar hacer varias cosas a la vez.

Estas prácticas sencillas son pequeños pasos (hábitos) en la dirección correcta (no distraerte cuando lees). Quizá notaste que dos de los hábitos que Carol podría implementar no tienen nada que ver con la lectura, pero al fortalecer su capacidad de atención, inevitablemente afectarán la manera en la que lee.

❧ ❧ ❧

En su libro *Caminando en sintonía con el Espíritu*, el teólogo J. I. Packer nos explica un poco acerca de la importancia de los hábitos en la santificación del cristiano, el proceso a través del cual somos separados progresivamente del pecado y renovados para ser más como Jesús. Packer escribe que «la formación del hábito es la manera habitual de dirigirnos en la santidad».[3] Los hábitos santos nos hacen personas santas y los hábitos pecaminosos nos hacen personas pecaminosas. Esto no significa que la santificación sea una obra humana, sino que Dios ha decidido utilizar nuestros propios esfuerzos como parte del proceso. Packer afirma: «Los hábitos santos, aunque creados [...] con disciplina propia y esfuerzo, no son productos naturales. La disciplina y el esfuerzo deben recibir la bendición del Espíritu Santo, o no conseguirán nada. [...] La santidad por medio de la formación de hábitos no es una autosantificación gracias al esfuerzo propio, sino una cuestión de comprender el método del Espíritu y mantenerse en sintonía con Él». La carrera de la fe es un maratón que dura toda la vida. Dios no va a teletransportarnos a la meta. Nuestro llamado es poner un pie delante del otro, una y otra vez, hasta que completemos la carrera. Detrás de cada paso está Dios mismo, sosteniéndonos y dirigiéndonos.

Los hábitos santos más importantes son nuestras disciplinas espirituales. De hecho, estas prácticas cruciales para la vida cristiana también son conocidas como «hábitos de gracia».[4] Donald Whitney define las disciplinas espirituales como «aquellas prácticas que se encuentran en las Escrituras que promueven el crecimiento espiritual entre los que creen en el evangelio de Jesucristo».[5] Whitney presenta diez disciplinas, entre ellas la lectura de la Biblia, la oración, la evangelización y el silencio. Cada una de estas disciplinas, llevadas a cabo de manera regular y con el poder del Espíritu, son usadas por Dios para transformar nuestro carácter para su gloria y el bien de los demás.

Esto afecta directamente nuestra productividad. Si la productividad es cuestión de carácter —un carácter de fe, propósito, diligencia y profundidad, como el de nuestro Señor—, la productividad está atada a nuestra santificación. Cuanto más Dios nos hace a su imagen, más productivos somos. Nuestro carácter se forma en lo cotidiano, a través de las muchas decisiones que tomamos cada día.

Los hábitos hacen que la vida productiva se vuelva algo natural. Los cristianos deseamos que honrar a Dios sea un estilo de vida cotidiano, y de eso precisamente tratan los hábitos. Las metas pueden darnos una dirección a la que apuntar, pero los buenos hábitos, es decir, las prácticas productivas pequeñas y cotidianas, son los que nos llevarán hasta ahí.

CAMINA AL CENTRO DE LA VERDADERA PRODUCTIVIDAD

Crea un ambiente propicio.

Los buenos hábitos no se construyen por arte de magia. Si nuestra tendencia natural fuera cultivarlos, todo el mundo viviría una vida productiva todo el tiempo. Si quieres desarrollar tu carácter a través del desarrollo de hábitos productivos, deberás hacer cambios, empezando por los espacios que te rodean.

Para desarrollar buenos hábitos no tienes que depender de tu fuerza de voluntad. Mientras menos necesites usarla, mejor. Es cierto que el mundo en que vivimos está lleno de distracciones y comida chatarra, pero no se tiene que decir lo mismo de nuestro propio hogar. Hagamos de nuestro espacio un lugar que favorezca la productividad. Pequeños oasis que promuevan la honra al Señor.

Crea el mejor ambiente que puedas para vivir la vida que quieres vivir. Si no deseas que tu primera actividad al despertar sea mirar tu teléfono, apágalo y guárdalo en un cajón; deja de colocarlo en tu mesita de noche (sí, es hora de que compres un reloj despertador). Si deseas leer más, rodéate de libros y desconecta el televisor para que sea más difícil encenderlo automáticamente. Si quieres aprender a tocar la guitarra, ponla en el centro de la habitación, junto a todo lo que necesitas para practicar. Si tu objetivo es tener un devocional cada mañana, deja preparada tu Biblia y tu diario de oración en tu escritorio la noche anterior. Si la meta es dejar de distraerte por horas viendo videos en Internet, instala una aplicación para bloquear sitios web. Si quieres comer sano, deja de comprar comida chatarra y llena tu refrigerador de frutas y verduras.

No te predispongas al fracaso. No esperes vencer la tentación de la distracción teniéndola enfrente a cada instante. Organiza tu escritorio, tu habitación, tu alacena y cualquier espacio que puedas para propiciar el desarrollo de buenos hábitos.

Elige hábitos clave.

Existen hábitos particulares que pueden cambiar tu vida para bien de manera radical. Son prácticas sencillas que repercuten en otras áreas de tu vida casi sin que te des cuenta.

Es muy bueno tener el hábito de lavar tu plato inmediatamente después de comer. Sin embargo, es poco probable que esa práctica resulte en cambios drásticos más allá de una cocina bien ordenada. Por otro lado, un hábito como la lectura y la meditación bíblica a primera hora cada mañana puede cambiar por completo el tono de tu día. Otros hábitos clave son aquellas cosas que te fortalecen físicamente, como el ejercicio o comer más verduras. Desarrollar este tipo de prácticas hará que tu cuerpo esté más lleno de energía para cumplir con tus responsabilidades de mejor manera.

Aquí hay más ideas de hábitos clave:

A. Leer.

B. Orar.

C. Planear tu día.

D. Comer menos azúcar.

E. Dormir el tiempo adecuado.

F. Acostarte y levantarte a la misma hora cada día.

G. Tomar suficiente agua.

H. Ordenar la casa antes de dormir.

Enfócate en un hábito a la vez.
Cuando leemos un libro como este, es normal sentirse emocionado y querer transformar tu vida de la noche a la mañana. Evita caer en la trampa. Los cambios radicales inmediatos tienden a no durar mucho tiempo. Es mejor ir lento pero seguro.

No te desesperes. Elige un solo hábito y enfócate en él hasta que se vuelva parte natural de tu rutina. Por definición, un hábito requiere poca o nula reflexión para realizarse, es una actividad *habitual*. Debes esperar hasta ese punto, hasta que no te cueste trabajo realizar el hábito, para empezar a desarrollar uno nuevo.

Algunos dicen que toma cierto tiempo desarrollar un hábito. La realidad es que no hay un número de días escrito en piedra; el tiempo que tardes en desarrollar el hábito dependerá del hábito y con cuánta regularidad lo practiques. Además, con la práctica irás mejorando en el desarrollo de los hábitos y podrás trabajar en varios a la vez. Pero empieza con una sola cosa y no quieras cambiar toda tu vida de la noche a la mañana.

Empieza con un cambio pequeño.
Así como no queremos empezar haciendo un montón de cambios al mismo tiempo, tampoco queremos empezar haciendo cambios demasiado grandes que resulten insostenibles a largo plazo. Cuando queremos desarrollar

un hábito solemos iniciar muy animados, pero después de unos días nos damos cuenta de que vencer nuestras costumbres no es nada fácil, así que terminamos abandonando la práctica que deseábamos desarrollar.

Me gusta decir que para cultivar un buen hábito hay que ser «mediocre». Por ejemplo, alguien que jamás ha leído un libro en su vida podría ponerse la meta de leer dos minutos diarios. Suena como un objetivo ridículo, y es bastante probable que cualquier persona que se siente a leer pueda leer más de dos minutos. Pero ese no es el punto. La clave para desarrollar un hábito es ser constante; es mucho más probable que perseveremos con una práctica nueva si cumplirla es muy fácil. Leer dos minutos todos los días, permaneciendo constante, es mejor que leer una hora cuando te sientas inspirado.

No te limites.

Cuando escuchamos acerca del desarrollo de hábitos, muchos nos ponemos inmediatamente a la defensiva. «Sí, claro, me encantaría poder dormir ocho horas, pero mis hijos no me dejan». «Sería maravilloso poder desarrollar el hábito de la lectura, pero ni dinero tengo para libros». «Por supuesto, yo quiero comer sano, pero se come lo que hay».

Desarrollar buenos hábitos es más fácil para unos que para otros. De eso no hay duda. Hay personas que por su economía o su situación familiar tienen más flexibilidad para cambiar sus rutinas. Sin embargo, a pesar de los obstáculos, todos podemos hacer pequeños cambios que nos ayuden a estar un poco mejor que ayer. No necesitamos apartar una hora cada día para desarrollar un hábito nuevo. Simplemente tenemos que hacer las cosas que ya hacemos, pero de manera diferente. Identifica uno de tus malos hábitos e intenta transformarlo en uno bueno. Por ejemplo, si tienes la costumbre de comerte una bolsa de papas fritas en tu descanso de la oficina, sustitúyela por una manzana. O si cuando los niños se fueron a dormir, tú te relajas con treinta minutos de redes sociales, ¿por qué no usas el móvil por quince minutos, y el resto del tiempo lo utilizas para leer un buen libro? Siempre habrá obstáculos para nuestra productividad; nuestro llamado es simplemente hacer lo mejor que podamos con lo que tenemos.

No olvides pedir ayuda. Si eres madre de niños pequeños, podrías ponerte de acuerdo con una amiga para turnarse en el cuidado de los niños y aprovechar ese espacio para empezar a estudiar la Biblia. Si encuentras difícil ejercitarte constantemente por ti mismo, recluta a un amigo y salgan juntos a caminar. Después de todo, «más valen dos que uno» (Eclesiastés 4:9).

Sé paciente y no olvides el evangelio.

Cambiar nuestro comportamiento toma tiempo y requiere esfuerzo. Hemos pasado toda nuestra vida, sin darnos cuenta, desarrollando prácticas que impiden nuestra productividad. Es importante que no seas demasiado duro contigo mismo. Persevera. Recuerda, Dios es el más interesado en transformarnos. Si mi productividad no es para mí, puedo estar seguro de que Dios bendecirá mis esfuerzos de desarrollar hábitos que me lleven más cerca de la meta: amar a Dios y amar a otros, haciendo discípulos a donde quiera que vaya.

Cuando fallamos —y vamos a fallar— podemos recordar que nuestro valor e identidad no están en lo bien que cumplimos con los hábitos que nos hemos propuesto desarrollar. Podemos trabajar duro a fin de crear prácticas que nos ayuden a usar mejor nuestros recursos para la gloria de Dios y el bien de los demás, pero también podemos descansar en que la transformación definitiva de nuestro corazón es obra del Dios del universo. Para él, nada es imposible.

PARA REFLEXIONAR:

1. Piensa en el día de ayer. Escribe en una hoja de papel todas las actividades habituales que realizaste (despertar, tomar café, revisar el móvil, leer un rato, lavar tus dientes, etcétera) e identifica los hábitos buenos, malos y neutrales.

2. ¿Qué clase de persona te gustaría ser en diez o veinte años? ¿Están tus prácticas cotidianas llevándote en esa dirección?

3. ¿Qué cambios podrías hacer en tu casa u oficina para propiciar mejores hábitos?

PARA ACTUAR:

* Elige un buen hábito que deseas cultivar. Si las disciplinas espirituales no son algo habitual para ti, en particular la lectura bíblica y la oración, empieza por ahí.

• Decide cuándo, dónde y cómo llevarás a cabo esta nueva disciplina.

• Prepara el ambiente propicio para desarrollar esta nueva disciplina.

- Determina un método de rendición de cuentas para desarrollar esta nueva disciplina.

Ejemplo:

- Lectura bíblica: cada mañana a las siete, en el comedor de la casa, usando un plan de lectura anual.

- Imprimiré el plan de lectura y lo mantendré dentro de mi Biblia. Antes de ir a la cama, colocaré mi Biblia y mi diario de oración en el comedor. Dejaré la cafetera preparada antes de acostarme.

- Cada vez que cumpla con mi lectura diaria, lo marcaré en mi aplicación de registro de hábitos. Los viernes por la tarde le escribiré a un amigo que también desea cultivar sus disciplinas espirituales y hablaremos de los retos y victorias de la semana.

9

HERRAMIENTAS

Tu cerebro fue creado para crear, no para almacenar.

«Que no se me olvide llamarle».
«¡Ah sí, claro, nos vemos el viernes!».
«Te entrego esto mañana sin falta, no te preocupes».

Llega el final del día y hay un montón de cosas en nuestro cerebro. Pequeños fragmentos de información dispersos. No es de extrañar que nos sintamos tan abrumados.

Los sistemas y herramientas de productividad suelen ser las primeras cosas en las que pensamos cuando hablamos sobre este tema. Pero lo hemos dejado casi hasta el final del libro por una buena razón. Descargar y aprender a usar distintas herramientas para la productividad personal no te hace una persona productiva. Las personas productivas utilizan herramientas y construyen sistemas que las ayuden a ser lo que ya son de manera efectiva; herramientas y sistemas que les permitan honrar a Dios y amar a los demás aprovechando al máximo todos sus recursos.

Si el objetivo bíblico de la productividad personal no es simplemente tener los asuntos pendientes organizados, sino amar a Dios y amar a los demás, las herramientas para la productividad no son solo nuestros calendarios y listas de tareas. Tampoco nuestros dispositivos electrónicos u otros instrumentos que usamos en el trabajo. Cualquiera de los objetos que nos rodean puede ser una herramienta para la productividad. Mis libros me ayudan a aprender nuevas cosas para servir a otros escribiendo recursos como este. Una buena vajilla puede ser útil para ofrecer una comida nutritiva a los vecinos que están atravesando una situación económica difícil. Por otro lado, así como un martillo puede usarse para lastimar a alguien o para construir una casa, los objetos que nos rodean también pueden ser utilizados para destruir en lugar de para amar. Puedo usar mis libros para ganar mucho conocimiento y tratar de humillar a mi prójimo. Puedo utilizar mi vajilla solo para alimentar a aquellos que considero suficientemente dignos de compartir la mesa conmigo.

La tentación de usar los buenos dones que Dios nos ha dado —incluyendo la capacidad de utilizar herramientas— para la improductividad es algo que persigue a la humanidad desde hace mucho tiempo. Esto no se ve necesariamente como gente perezosa tirada en la cama el día entero. Podemos construir de manera improductiva. Lo vemos en la historia de los inicios de la humanidad en el Génesis: los seres humanos se organizaron muy bien y trabajaron duro para levantar un edificio que los llevara hasta el cielo y los hiciera famosos. Los constructores de la Torre de Babel corrompieron sus mentes y sus manos;

ellos habían sido hechos a imagen de Dios, con la capacidad de crear herramientas maravillosas, pero usaron esas herramientas para rebelarse contra el Dios que les dio su imagen. Es nuestra responsabilidad utilizar los dones e instrumentos que Dios nos concede para su gloria. Podemos edificar o destruir. Las herramientas con las que Noé construyó el arca tal vez eran muy similares a las que utilizaron los constructores de la Torre de Babel.

El ejemplo más obvio es probablemente nuestro teléfono. Los móviles son herramientas increíbles. Hace unas décadas era impensable poder hacer todo lo que hacemos con estos pequeños rectángulos luminosos. Podemos ver los rostros de seres amados que viven a océanos de distancia. Podemos encontrar la mejor ruta para llegar a las joyas escondidas de nuestra ciudad. Podemos aprender, de forma gratuita y desde la comodidad de nuestro hogar, prácticamente cualquier cosa que deseemos. Podemos saber lo que está pasando en este momento en casi cualquier lugar del mundo, dando voz a los que sufren injusticia y dolor.

Sin lugar a duda, nuestros móviles son herramientas increíbles. Pero también pueden ser agujeros negros que se tragan nuestra productividad. Son herramientas engañosas, porque no están ahí pasivamente esperando que los usemos como mejor nos parezca. De una forma u otra, dirigen nuestro comportamiento. Están diseñados para llamar nuestra atención y para que los utilicemos a cierta hora y de cierta forma. Los desarrolladores de nuestras aplicaciones favoritas trabajan duro para mantenernos todo el tiempo posible en la pantalla, aunque tengamos las notificaciones desactivadas. El teléfono móvil y las redes sociales se han convertido en una parte muy integral de nuestra sociedad, hasta el punto de que parece que no perteneceremos a la comunidad sin ellos. Usar bien nuestro teléfono es todo un reto. Necesitamos sabiduría a fin de determinar de qué manera podemos utilizar los objetos que nos rodean para la productividad —el verdadero trabajo y el verdadero descanso— y no para satisfacer nuestro egoísmo; para reflejar la imagen de Dios y traer orden en medio del desorden.

Utilizar tus herramientas de manera improductiva puede no verse muy distinto a usar tus herramientas de manera productiva. Una cama es un excelente lugar para descansar. Alguien que esté viviendo el pasaje bíblico que dice: «Dios concede el sueño a sus amados» (Salmos 127:2), no parece exteriormente muy distinto a alguien que necesite ser reprendido con el siguiente texto bíblico: «Perezoso, ¿cuánto tiempo más seguirás acostado?» (Proverbios 6:9). Pero Dios mira el corazón. La persona productiva utiliza las herramientas a su disposición para contribuir en la edificación del reino de Dios al amar y servir a aquellos que le rodean.

❧ ❧ ❧

Los seres humanos fuimos creados para crear. Nuestro cerebro fue diseñado con el fin de tomar las cosas que hay en la tierra y explotar el potencial del mundo para la gloria de Dios y el bien de los demás. Hacemos esto en nuestra casa, el trabajo, la escuela, la congregación y el vecindario. Lo hacemos diseñando edificios o planes de mercadotecnia, escribiendo leyes o novelas, cambiando pañales o las tuberías de un edificio. Las herramientas nos permiten extender las capacidades de nuestro cerebro y hacer las cosas que hemos sido llamados a hacer de manera más efectiva.

En las siguientes páginas estaremos concentrándonos en las dos herramientas que tradicionalmente se relacionan más con la productividad personal: *el calendario y la lista de tareas*. Un fotógrafo seguramente aprendió durante su formación profesional la manera correcta de utilizar su cámara como herramienta para capturar momentos únicos y transmitir historias inspiradoras. Sin embargo, es muy poco probable que haya sido instruido en cómo utilizar herramientas que le ayuden a aprovechar bien su tiempo y atención para seguir capturando momentos y transmitiendo historias.

Con cada año que pasa nuestras vidas parecen volverse más complicadas. Siempre hay mandados que completar, reuniones a las que asistir, mensajes que enviar, correos que responder, comidas que preparar, reportes que escribir, pedidos que recoger. Si tratamos de tenerlo todo en nuestra cabeza, no tardaremos en sentirnos completamente abrumados. El calendario y la lista de tareas nos sirven para almacenar las cosas que debemos hacer y designar el momento en que las haremos.

- Lista de tareas: ¿qué haré?

- Calendario: ¿cuándo lo haré?

Sabrás que estás usando estas herramientas de la manera correcta cuando no tengas que despertar cada día tratando de averiguar qué deberías estar haciendo hoy. Simplemente verás tu calendario y tu lista de tareas y estarás listo para trabajar. Llegar hasta ese punto requiere práctica y paciencia, pero cuando lo alcances descubrirás que el esfuerzo ha valido la pena. Tu cerebro será libre del estrés de recordar cada uno de tus asuntos pendientes y podrás utilizar toda tu energía para hacer las cosas que debes hacer de la mejor manera que puedas.

CAMINA AL CENTRO DE LA
VERDADERA PRODUCTIVIDAD

Usa lo que te funcione.

Durante mucho tiempo quise obligarme a utilizar agendas de papel. Veía fotografías de libretas elegantes, resaltadores de colores o pegatinas decorativas, y deseaba que mis herramientas de organización personal se vieran así. Después de años de agendas vacías y frustraciones, decidí admitirlo: lo que mejor me funciona son las herramientas digitales.

Quizá tu caso es lo opuesto al mío. Has probado descargar un montón de aplicaciones y ninguna te ayuda a mantener en orden tus tareas y reuniones. Prefieres llevar una libreta física y poder escribir a mano lo que tienes que hacer. Quizá hasta te sirve para recordar mejor las cosas. Eso es excelente. Utiliza lo que te funcione.

Si no sabes por dónde empezar, sigue tus instintos. La mayoría de nosotros identificamos si preferimos el lápiz y el papel o los dispositivos electrónicos. Ya sea en formato físico o digital, consigue un calendario y un lugar para anotar tus tareas. Por ahora no tienes que preocuparte demasiado por cuál es la mejor agenda o cuál es el gestor de tareas con más funcionalidades. Elige una herramienta que quieras utilizar con frecuencia.

Acostúmbrate a usar tus herramientas.

Antes de ponernos a organizar las prioridades o a cancelar reuniones innecesarias, necesitamos acostumbrarnos a utilizar *con regularidad* nuestras herramientas de productividad.

Primero, debes asegurarte de que estás ingresando información a tu gestor de tareas y tu calendario. Si no, obviamente no te servirán de nada. Este hábito, como todos, se adquiere con la práctica. Si usas herramientas digitales, colócalas en la pantalla principal de tu móvil. Si prefieres el papel, trata de llevar tu agenda contigo a todos lados. Cuando surja alguna tarea o reunión, apúntalas inmediatamente. No importa si al final declinarás la cita o delegarás la tarea. Es mejor borrar un dato inútil que olvidar un dato importante. Otra opción es llevar una hoja de papel en el bolsillo y apuntar ahí los asuntos pendientes y citas que surjan durante el día, transfiriéndolos a tu agenda o a tu móvil al final de la jornada.

A fin de acostumbrarte a revisar regularmente tu calendario y tu lista de tareas, programa un recordatorio en tu móvil para cada mañana y cada noche. Tómate cinco minutos para revisar tus apuntes, eliminar lo que ya no sirva y familiarizarte con lo que estarás haciendo en los próximos días.

Distingue entre tareas y proyectos.

En su libro *Organízate con eficacia*, el experto en productividad David Allen enseña la importancia de distinguir entre las tareas y los proyectos. Una tarea es cualquier actividad sencilla que puede completarse de una sola vez: una llamada, responder un correo, lavar los platos, etcétera. Un proyecto es cualquier actividad que requiere dos o más tareas para completarse: preparar una presentación, reorganizar el armario, escribir un artículo, etcétera.[1]

Una de las principales razones de nuestra frustración al intentar completar los asuntos pendientes es que fallamos en distinguir entre los proyectos y las tareas. Tu lista de tareas es una lista de *tareas*, no de *proyectos*. Por ejemplo, el proyecto «escribir un artículo» incluye tareas como escribir un bosquejo, reunir fuentes de investigación, leer y tomar notas de las fuentes, escribir el primer borrador, escribir el segundo borrador, editar, etcétera.

Está bien colocar proyectos de manera temporal en tu lista de tareas para no olvidarlos. Sin embargo, al menos una vez a la semana debemos identificar los proyectos que tenemos durante el mes y dividirlos en las tareas que los componen. Cada paso que necesitas dar para completar el proyecto deberá colocarse en tu lista de tareas, en una fecha específica. Empecemos colocando en nuestro calendario la fecha de entrega del proyecto (de preferencia antes de la fecha de entrega real) y trabajemos hacia atrás asignando cada tarea en los días previos para lograr completar el proyecto a tiempo.

Lunes	Martes	Miércoles	Jueves	Viernes	Sábado	Domingo
					1	2
3 Bosquejo, reunir fuentes	4	5 Leer y tomar notas	6 Leer y tomar notas	7	8 Primer borrador	9
10 Segundo borrador	11	12 Edición final y entrega	13 Entrega del artículo	14	15	16
17	18	19	20	21	22	23
24	25	26	27	28	29	

Organiza tus prioridades.

Una vez que te has acostumbrado a utilizar tus herramientas de productividad con regularidad y que te has asegurado de que tu lista de tareas es realmente una lista de *tareas*, puedes empezar a organizar mejor cada uno de tus asuntos pendientes.

Algo clave es identificar si los elementos de tu lista son urgentes y/o importantes. Una tarea urgente es aquella que debe hacerse inmediatamente o en el futuro muy cercano. Una tarea importante es aquella que contribuirá al avance de tus proyectos y metas.

Cada mañana selecciona de tu lista una tarea *importante* (que contribuya al avance de tus proyectos y metas) como la prioridad de tu día. Esta tarea será la que recibirá tu tiempo

LA MATRIZ DE EISENHOWER

2 Si una tarea es **importante pero no urgente**, deberá programarse para una fecha y hora específica en el futuro.

1 Si una tarea es **importante y urgente**, deberá hacerse ahora mismo.

IMPORTANTE

← NO URGENTE ——— URGENTE →

NO IMPORTANTE

4 Si una tarea no es **ni urgente ni importante**, elimínala de tu lista.

3 Si una tarea es **urgente pero no importante**, intenta delegarla.

y atención primero que las demás. Una vez que la completes, puedes continuar con otros elementos de tu lista.

Planea en el tiempo.

Algunos escritores sobre la productividad aconsejan evitar colocar tareas en el calendario. Dicen que el calendario es exclusivamente para asuntos que tienen que llevarse a cabo en un tiempo y lugar determinado, como una cita con el médico, por ejemplo. Yo no estoy de acuerdo. Dependiendo del control que tengas sobre tus horarios, el calendario puede ser un excelente lugar para colocar tus tareas en un momento específico del día.

Planear en el tiempo es reconocer el espacio que una tarea ocupará en tu calendario. Es la mejor forma de evitar las listas de tareas kilométricas. Al planear en el tiempo reconocemos que nuestro tiempo es limitado y que solo podremos cumplir cierto número de tareas.

A. Revisa las tareas que tienes para el día siguiente y coloca el tiempo estimado que te tomará completar cada una.

B. Agrega entre quince y treinta minutos a tu estimado (solemos ser demasiado optimistas cuando pensamos en el tiempo que nos tomará completar nuestros asuntos pendientes).

C. Coloca en tu calendario los bloques de tiempo específicos para cada tarea.

Si prefieres ser flexible con el orden en que realizarás tus tareas, no coloques los bloques en tu calendario. Simplemente utiliza el plan para saber qué tanto puedes hacer en un día.

Por otro lado, si las muchas interrupciones de tus labores no te permiten establecer un horario fijo para cada tarea

Fecha: 26 / nov / 2019

Lista de tareas (siempre crece)

		Horario	Notas		Lista de Tareas
12am	:00			☐ 5 min	Responder e mail (Pancho)
	:30			☐ 10 min	Responder e mail (Martín)
1am	:00			☐ 60 min	Hacer comida
	:30	Dormir		☐ 60 min	Escribir reporte ✳
2am	:00			☐ 5 min	Responder e mail (Juana)
	:30			☐ 30 min	Ordenar
3am	:00			☐ 60 min	Reunión con fulanito
	:30			☐ 5 min	Tarea pequeña #1
4am	:00			☐ 10 min	Llamar (Lupe)
	:30			☐ 10 min	Tarea pequeña #2
5am	:00	Levantarme + café + vestirme		☐ 10 min	Tarea pequeña #3
	:30	Desayuno		☐ 60 min	Reunión con manzanito
6am	:00	Ordenar lo que se pueda		☐	
	:30			☐	Leer "x" artículo
7am	:00	Escribir reporte		☐	Escribir ideas para evento
	:30			☐	Llamar a Juancho
8am	:00	Descanso	(15 minutos) leer o salir a caminar	☐	Doblar la ropa
	:30	Reunión		☐	
9am	:00	con Fulanito	No olvidar escribir puntos de acción	☐	
	:30	Descanso	(15 minutos) leer o salir a caminar	☐	
10am	:00	Tareas pequeñas		☐	
	:30	Reunión		☐	
11am	:00	con Manzanito		☐	
	:30	Descanso		☐	
12pm	:00	Comunicación		☐	
	:30			☐	
1pm	:00	Hacer comida		☐	
	:30	y comer		☐	
2pm	:00			☐	
	:30			☐	
3pm	:00			☐	
	:30			☐	
4pm	:00			☐	
	:30			☐	
5pm	:00			☐	
	:30			☐	
6pm	:00			☐	
	:30			☐	
7pm	:00			☐	
	:30			☐	
8pm	:00			☐	
	:30			☐	
9pm	:00			☐	
	:30			☐	
10pm	:00			☐	
	:30			☐	
11pm	:00			☐	
	:30			☐	

Tarea prioritaria ¡se hace primero!

Puedes seguir añadiendo y luego procesar su prioridad y ponerlo en el calendario.

Organiza acá que tareas harás hoy y cuándo

138

—si eres madre de niños pequeños, por ejemplo— puedes usar una estrategia llamada horario en bloques.* Consiste básicamente en dividir tu día en diferentes bloques temáticos que pueden durar de tres a cuatro horas. Durante la duración del bloque te limitarás a hacer todas las actividades que puedas dentro de esa categoría.

Planear de esta manera nos hace conscientes de que cada actividad que realizamos se lleva a cabo en el tiempo. Así como hacemos presupuestos para manejar con sabiduría el dinero en nuestra cuenta bancaria, debemos enfrentarnos a la realidad de cuánto tiempo tenemos disponible y en dónde lo estamos invirtiendo.

Explota herramientas adicionales para la productividad

Una vez que estés bien familiarizado con el uso del calendario y la lista de tareas puedes empezar a explorar otras herramientas para aprovechar bien tus recursos. Estas son algunas de las que yo utilizo.

A. Registro de hábitos: Para asegurarme de ser constante con las prácticas sencillas y habituales que me llevan en la dirección correcta, como leer, beber suficiente agua, ejercitarme, etcétera (utilizo *Streaks*).

B. Gestor de correo electrónico: Para comunicarme con mi equipo de trabajo y recibir información importante (utilizo *Spark*).

---

* Esta estrategia fue popularizada por la bloguera Jordan Page.

Horario en bloques

Mañana	Hora de salir	Almuerzo & siesta	Tarde	Noche	Dormir
6:00 - 9:00	9:00 - 12:00	12:00 - 3:30	3:30 - 7:30	7:30 - 10:30	10:30 - 6:00
• Devocional. • Desayuno. • Prepararnos para ir a la escuela. • 30 min de limpieza y organización.	• Ir al súper. • Hacer mandados. • Ir a la biblioteca. • Pasear con niños. • Visitar amigos.	• Almorzar. • Niños duermen o juegan en su habitación. • Estudio. • Trabajar en proyectos personales.	• Pasar tiempo en familia. • Cenar. • Lavar platos. • Acostar a los niños. • 30 min de limpieza y organización.	• Ver TV. • Leer. • Organizar para el día siguiente. • Hacer ejercicio. • Baño. • Trabajar en proyectos personales.	• ¡Dormir!

"Ejemplo de horario en bloques".

C. Bloqueo del móvil: Para pasar el menor tiempo posible perdiendo el tiempo en las redes sociales y otras distracciones (utilizo *Forest*).

D. Archivero digital: Para almacenar en un lugar seguro toda clase de información importante, como documentos en PDF, direcciones, mi plan semanal, etcétera (utilizo *Evernote*).

❧ ❧ ❧

Si nunca has utilizado una lista de tareas o un calendario para organizar tus actividades, acostumbrarte al uso regular de estas herramientas de productividad puede tomarte algo de tiempo. Habrá días en que olvidarás por completo revisar tu libreta. Quizá descubras que la herramienta que pensaste te serviría, al final no funcionó. Todo eso está bien; es parte del proceso. Solo no te rindas.

Procura utilizar las mismas herramientas durante al menos un par de semanas, solo para estar seguro de que realmente les estás dando una oportunidad. Si después de ese periodo de tiempo sigues percibiendo que no te están ayudando, identifica por qué. ¿Las funcionalidades de los gestores de tareas digitales te parecen demasiado complicadas, pero no quieres utilizar papel? Quizá puedes empezar anotando tus asuntos pendientes en la aplicación de notas que viene por defecto en el teléfono. ¿Olvidas tu agenda en un rincón de la casa? Quizá puedas llevar un papel en el bolsillo para apuntar las cosas que surjan durante el día, y por la tarde tomar un tiempo para acomodar todo en tu libreta. Identifica lo que necesitas para que tu mente esté organizada y ajusta lo que tengas que ajustar para obtener esas características de una herramienta.

Hagas lo que hagas, no te rindas. Sé flexible pero constante. Utiliza las herramientas a tu disposición para liberar tu mente de tener que recordar asuntos pendientes y puedas concentrarte en realizar lo mejor posible esas cosas que has sido llamado a hacer. No necesitas vivir en el estrés del día a día, resolviendo las cosas conforme suceden. Siéntate un rato y empieza a planear, estoy segura de que tu cerebro te lo agradecerá.

PARA REFLEXIONAR:

1. Mira a tu alrededor y selecciona tres objetos que estén cercanos a ti. ¿Cómo puedes utilizar esos objetos para la gloria de Dios y el bien de los demás? ¿Cómo podrías usarlos de manera improductiva?

2. ¿Cuál ha sido tu experiencia al intentar organizar tus asuntos pendientes y reuniones? Después de haber leído este capítulo, ¿qué cosas crees que podrías mejorar?

PARA ACTUAR:

* Si no utilizas herramientas de productividad: consigue un calendario y una lista de tareas, ya sea en formato físico o digital. Pruébalos durante al menos dos semanas, colocando tus reuniones y asuntos pendientes en cuanto surjan. Programa recordatorios en el teléfono para revisar tu calendario y la lista de tareas cada mañana y cada noche.

* Si ya utilizas herramientas de productividad: asegúrate de que todos los elementos en tu lista de tareas sean realmente *tareas* y no proyectos. Toma un tiempo cada noche para evaluar tus asuntos pendientes del día siguiente y determinar su importancia/urgencia. Antes de irte a la cama, decide cuál será tu tarea prioritaria para mañana.

PARTE III

LA PRÁCTICA

10

ALINEA TU VIDA

«¡Deseen que su vida cuente para algo importante!
Anhelen que su vida tenga significado eterno.
¡Deséenlo! No anden simplemente
por la vida sin una pasión».[1]

JOHN PIPER

Muchos estamos esperando que suceda algo extraordinario en nuestras vidas para que se vuelvan algo digno de contar. La realidad es que Dios forma vidas gloriosas a través de un montón de momentos cotidianos. Nuestra existencia ya es valiosa. No tenemos que hacer nada para ganarnos el favor del Señor. Cristo nos ha vestido de su justicia y en él tenemos toda bendición espiritual (Efesios 1:3). La productividad simplemente nos ayuda a participar del privilegio de usar todo lo que tenemos en la gran historia del Dios creador, salvador y siervo. Él está restaurando todas las cosas para su gloria y nuestro bien; es nuestro gozo poder ser un hilo en este hermoso tapiz.

Algunos cristianos piensan que planear no vale la pena, ya que Dios es soberano y al final de todo él puede hacer lo que quiera con nuestras vidas. Es cierto que Dios es soberano y que él puede hacer lo que desee con nosotros. Sus planes son mucho mejores que los nuestros, de eso no hay duda alguna. Sin embargo, esto no significa que no debemos planear. La Escritura nos llama a hacerlo de la manera correcta: poniendo nuestros ojos en el Señor y rindiendo nuestros deseos a él (Proverbios 15:22; 16:3, 9). Cuando lo hacemos conforme a la Biblia, planear puede ser un acto de fe. Cuando planea, el cristiano busca honrar al Señor con los recursos que él le ha dado mientras mantiene las manos abiertas reconociendo que lo que él tiene en mente es mucho mejor que cualquier cosa que pudiéramos imaginar.

En capítulos anteriores hemos aprendido que Dios no ofrece un mapa del tesoro en el que está escondido el plan específico para nuestra vida. Pero, aunque no tengamos instrucciones detalladas, debemos ponernos a trabajar, como los siervos de la parábola de las monedas de oro. No necesitamos intentar adivinar qué es lo que Dios quiere para nosotros más allá de la Biblia o esperar que alguna voz angelical nos diga qué hacer. Podemos planear y actuar. Podemos mirar lo que Dios nos ha dado, decidir con sabiduría hacia dónde queremos ir y diseñar una estrategia para caminar en esa dirección.

¿HACIA DÓNDE QUIERES IR?

Cuando pensamos en nuestra productividad, solemos enfocarnos en el día a día. Es bueno caminar un paso a la vez, pero para hacer un buen plan necesitamos mirar el gran panorama de las cosas. A mí me gusta hacerlo en tres niveles:

El horizonte: De dos a tres años.

Las metas: De seis a dieciocho meses.

Los proyectos: Hasta seis meses.

El *horizonte* es la dirección a la que se dirige tu vida ahora mismo. Puede ser un horizonte laboral o del hogar. Si eliges algo laboral, no significa que vas a ignorar a tu familia por los próximos tres años. Simplemente significa que el área en la que estás enfocándote para crecer ahora mismo es tu trabajo.

Las *metas* son aquellos objetivos a mediano plazo que te llevan hacia el horizonte. La idea es seleccionar alrededor de cinco metas que en conjunto harán que crezcas en el área que has seleccionado como tu horizonte. Estas metas se trabajan una a una.

Los *proyectos* son actividades más pequeñas que contribuyen al cumplimiento de tus metas. Puedes tener varios proyectos de distintos tamaños en marcha al mismo tiempo.

❧ ❧ ❧

SOFÍA

El horizonte:

Tener una organización de aporte espiritual para niños.

Las metas:

- Diseñar contenido creativo de aporte social.

- Crear equipo de colaboración.

- Iniciar curso de formación teológica.

Los proyectos:

- Participar en taller de dibujo.

- Leer sobre pedagogía infantil.

- Leer sobre liderazgo organizacional.

- Crear propuestas de contenido.

- Crear plan de proyecto creativo.

SANTIAGO

El horizonte:

Estabilidad económica familiar.

Las metas:

- Completar curso de finanzas personales.

- Pagar deuda de tarjeta de crédito.

- Ahorrar para el fondo de emergencia.

Los proyectos:

- Inscribirme en curso de finanzas personales.

- Escribir un diario de gastos.

- Disminuir gastos en un treinta por ciento.

- Presupuesto familiar.

- Escribir testamento.

☙ ☙ ☙

JOSH

El horizonte:

Ser misionero en Guatemala.

Las metas:

- Completar curso de español.

- Obtener visa.

- Ahorrar lo suficiente para vivir seis meses en Guatemala.

Los proyectos:

- Leer sobre la cultura guatemalteca.

- Hacer presupuesto anual.

- Diseñar plan para reunir fondos.

- Definir posibles iglesias locales.

- Definir posibles lugares de vivienda.

REBECA

El horizonte:

Crianza de hijos y cuidado del hogar.

Las metas:

- Casa organizada.

- Rutinas establecidas para cada hijo.

- Ayudar a pulir modales en la mesa.

Los proyectos:

- Despejar los armarios.

- Despejar la cocina.

- Diseñar plan de comida.

- Leer libro sobre crianza.

- Preparar actividades educativas.

El objetivo de poner por escrito tu horizonte, metas y proyectos es que puedas concretar la dirección en la que quieres caminar y los pasos que te llevarán hacia allá. No significa que los únicos proyectos que realizarás serán aquellos que contribuyan a tus metas y horizonte, después de todo, tenemos trabajos que atender y familias que amar. Este ejercicio simplemente te ayudará a tener una mejor idea de dónde colocar tus esfuerzos y hará más fácil decir «no» a las cosas que te alejen de tus objetivos.

Si se te dificulta pensar en tu horizonte, hazte las siguientes preguntas: ¿dónde estoy ahora mismo? ¿Cuáles son las responsabilidades que Dios me ha dado en casa, el trabajo, la iglesia? ¿Cómo puedo crecer para cumplir mejor estas responsabilidades? ¿Qué me gustaría estar haciendo dentro de tres años con los talentos que Dios me ha dado? También puedes hacer preguntas a tu cónyuge, pastores o personas sabias de confianza: ¿para qué crees que soy bueno? ¿Cómo crees que podría crecer en los próximos tres años? ¿Consideras prudente que busque emprender este proyecto o estudiar esta carrera?

Una vez que hayas definido tu horizonte, haz una lluvia de ideas para establecer tus metas. ¿Qué objetivos puedes cumplir dentro de seis a dieciocho meses que te ayuden a avanzar en la dirección correcta? Escribe todas las cosas que vengan a tu mente, al menos unas veinte. Después, selecciona las cinco que consideres más relevantes. Sé realista respecto a lo que puedes lograr en los próximos meses. Puedes guardar para después el resto de las metas que escribiste. Por ahora solo ten a la mano esas cinco para concentrarte en alcanzarlas una a una.

Finalmente, piensa en algunos proyectos que necesitas llevar a cabo para cumplir tus metas. Por ejemplo, si tu meta es pagar una deuda, puedes incluir en tus proyectos hacer un presupuesto, disminuir los gastos del hogar en cierto porcentaje y completar un ahorro para que no tengas que usar la tarjeta de crédito en caso de emergencia. Estos proyectos irán junto a los proyectos que seguramente ya tienes en casa y en el trabajo, de los que hablamos en el capítulo anterior. El reto para ti será darle la importancia que le corresponde a tus proyectos personales y buscar avanzar en ellos de forma constante.

No tengas miedo de soñar. No tengas miedo de desear cosas para la gloria de Dios y el bien de los demás. Pon tu mirada en el Señor y ofrécele todo lo que tienes. Deléitate en Dios y deja que él te guíe a través de la Palabra para usar tus recursos de manera que llene tu corazón y sirva a los demás.

> Confía en el SEÑOR y haz el bien;
> establécete en la tierra y mantente fiel.
> Deléitate en el SEÑOR,
> y él te concederá los deseos de tu corazón.
> (Salmos 37:3-4)

🌀 🌀 🌀

PARA REFLEXIONAR:

1. ¿Hacia dónde te gustaría caminar en los próximos tres años?

2. ¿Ahora mismo estás haciendo algo para avanzar en esa dirección? Si tu respuesta es sí, ¿qué cosa? Si es no, ¿por qué?

3. ¿Qué cosas estás haciendo día a día que no contribuyen a tus metas?

PARA ACTUAR:

* Determina tu horizonte, tus metas y tus proyectos.

11

PLANEA TU SEMANA

*«Resuelvo nunca perder ni un momento de tiempo, sino
aprovecharlo en la forma más redituable posible».*[1]

JONATHAN EDWARDS

La motivación viene y va de manera impredecible...
excepto el 1 de enero. El año nuevo tiene algo especial
que nos hace sentir expectantes de lo que viene y motiva-
dos para hacer todos esos cambios que sabemos deberíamos hacer. En el resto del año la motivación llega y se va
sin avisar, así que no me gusta depender de ella para actuar.
Pero cuando me siento motivada, voy a aprovecharlo. No
está de más utilizar ese sentimiento de «borrón y cuenta
nueva» para empezar a actuar de manera diferente.

El plan semanal es una manera de tener ese sentimiento de «borrón y cuenta nueva» sin tener que esperar al
año nuevo. Es un espacio en el que, de forma regular y
sin importar lo terrible que haya sido tu semana, puedes
hacer una pausa y volver a empezar. Constituye un modo

de evaluar tu tiempo, límites, decisiones, enfoque, hábitos y herramientas para redirigirte al centro de la productividad. Invertir tiempo para armar una estrategia sencilla puede ser todo lo que necesitas para sentirte listo y caminar de manera productiva durante la semana. Como escribe James Clear, «muchas personas piensan que les falta motivación cuando en realidad lo que les falta es claridad».[2]

El plan semanal es una lista sencilla para completar de manera regular antes de iniciar una semana de labores. Una vez que termines tu plan, sabrás exactamente qué es lo que debes hacer y cuándo debes hacerlo. Al mismo tiempo, organizarás tus actividades de forma que puedan ajustarse en caso de que haya alguna emergencia o surjan tareas urgentes inesperadas.

Ningún plan semanal será igual a otro, pero todos deben tener tres partes esenciales.

- **Neutralizar:** En la primera parte de tu plan semanal revisarás y pondrás en orden toda la información y tareas que recibiste en la semana anterior.

- **Evaluar:** Después observarás cuáles son las cosas en las que debes concentrarte a lo largo de la próxima semana.

- **Planear:** Finalmente, definirás qué es lo que harás a lo largo de la próxima semana y establecerás de manera concreta pero flexible cuándo realizarás tus actividades.

DISEÑA TU PROPIO PLAN SEMANAL

En las páginas siguientes presentaré un plan semanal. Una vez que observes lo que hago, crea tu propio plan semanal considerando tu rutina y herramientas de trabajo. La lista completa puede parecer abrumadora, pero una vez que la veamos parte por parte te darás cuenta de que diseñar tu propio plan semanal es más sencillo de lo que parece.

❀ ❀ ❀

PLAN SEMANAL: sábados, 7:00 p. m., en mi oficina.

I. Neutralizar.

1. Orar.

2. Actualizar peticiones de oración.

3. Vaciar bandejas:
   a. correo electrónico / mensajes.
   b. lista de tareas.
   c. archivero digital.

4. Ordenar:
   a. escritorio.
   b. dispositivos.
   c. archivos en la nube.

5. Limpiar dispositivos.

II. Evaluar.

6. Revisar:
   a. metas.
   b. calendario mensual.
   c. proyectos.

III. Planear.

7. Organizar tareas de la semana.

8. Definir prioridades de la semana.

9. Hacer plan de comida.

10. Bloqueo de tiempo (opcional).

Es tu turno:

Selecciona un espacio de una hora al final de tu semana de trabajo; sé específico sobre el día, la hora y el lugar. Este será tu tiempo para planear. Protege este espacio y pide ayuda a tu familia si es necesario. Colócalo en tu calendario y activa los recordatorios; haz lo que tengas que hacer para que no se te olvide. Recuerda que este tiempo para planear es una inversión que te ayudará a servir mejor a tu familia, compañeros de trabajo y miembros de tu iglesia.

Prepara un documento de texto en el que puedas crear y almacenar tu propio plan semanal. Si lo tuyo es el lápiz y el papel, puedes usar una agenda.

❦ ❦ ❦

I. Neutralizar.

1. Orar:

Empiezo cada plan semanal recordando el evangelio. Quizá la semana anterior fue un desastre. Debo liberarme de todo aquello que no dependió de mí y arrepentirme por todo aquello que sí fue mi culpa (quizá fui perezosa o busqué tener el control sin considerar a los demás). Busco ser honesta con mi pecado y descansar en que Dios es fiel y justo para perdonarme en Jesús. Puedo seguir adelante. O puede ser que haya tenido una muy buena semana. Se hizo lo que se tenía que hacer y pude disfrutar del descanso con mi familia. En ambos casos agradezco al Señor y pongo mi mirada en él antes de meterme de lleno en listas de tareas, correos electrónicos y calendarios. Después de todo: «El hombre propone y Dios dispone. [...] Pon en manos del SEÑOR todas tus obras, y tus proyectos se cumplirán» (Proverbios 16:1, 3).

A través de la oración, alineo mis deseos con los deseos del Señor. Puedo exponer mis planes y anhelos, rindiéndolos a Dios y reconociendo que, al final de todo, sus planes son mucho mejores que los míos.

2. Actualizar peticiones de oración:

En mi libreta de oración tengo algunas notas adhesivas sobre las situaciones por las que oro de manera regular. Durante el plan semanal procuro escribirles a algunas de las personas por las que estoy orando para preguntarles cómo están y saber qué es lo que Dios ha estado haciendo en sus vidas. Después elimino las notas que haya que eliminar y actualizo las que haya que actualizar.

3. Vaciar bandejas:

A. correo electrónico / mensajes.

B. lista de tareas.

C. archivero digital.

El siguiente paso de mi plan semanal es ir a todos los lugares en los que almaceno información y tareas para asegurarme de que nada se pierda. Primero voy a mi correo electrónico y a mis aplicaciones de mensajería. Si se concertaron citas, me aseguro de colocarlas en mi calendario. Si hay información importante, como direcciones o los PDF, la coloco en mi archivero digital (ahora mismo utilizo *Evernote*). Si encuentro tareas pendientes en algún correo electrónico, las coloco en mi aplicación de lista de tareas. Si durante la semana ingresé información a mi bandeja de entrada de *Evernote* o *Todoist* (mi aplicación de gestión de tareas), pero no la organicé en la carpeta o proyecto correcto, ahora es momento de hacerlo.

4. Ordenar:

A. escritorio.

B. dispositivos.

C. archivos en la nube.

5. Limpiar dispositivos:

Una vez que mi información está donde debe estar, es hora de poner en orden todo lo demás. Quizá mi escritorio está lleno de libros y papelería que utilicé durante la semana. Es hora de tirar notas adhesivas viejas a la basura y poner los libros en sus estanterías. Hago lo mismo en el mundo digital. Me aseguro de que el escritorio de mi computadora esté despejado, eliminando los archivos que haya que eliminar y colocando el resto en sus carpetas correspondientes. Cuando todo esté en orden, limpio físicamente mi computadora portátil y otros dispositivos electrónicos.

Todo esto es abrumador solo la primera vez que lo haces. Si organizas tus dispositivos con una periodicidad semanal, descubrirás que solo te toma unos minutos poner todo en su lugar. La claridad que obtienes cuando todo está en orden hace que valga la pena invertir en esa primera sesión en la que nada tiene su lugar todavía.

🙨 🙨 🙨

Es tu turno:

Haz una lista de todos los lugares en los que recibes información: correo electrónico, correo físico, aplicaciones de mensajería, aplicaciones de productividad, etcétera.

Identifica los lugares de trabajo en los que pasas más tiempo durante la semana. Puede ser una mesa en tu oficina, un rincón en la cocina o el comedor, e incluso una estantería en tu habitación donde almacenas tus libros y papelería. Trata de hacer tu plan semanal en este espacio, para que puedas ponerlo en orden al final de cada semana.

Si tienes listas de oración o de cualquier otra cosa que debas revisar con regularidad (lista de libros por leer, lugares que visitar, recetas que probar, etcétera), inclúyelas en la sección «neutralizar» de tu plan semanal.

❧ ❧ ❧

II. Evaluar.

6. Revisar:

A. metas.

Prefiero los hábitos que las metas, pero no negaré que estas últimas nos ayudan a caminar en la dirección correcta. Por esta razón procuro tener objetivos importantes en los que sé que debo estar trabajando continuamente. Trato de que no sean muchos cada año (unos cinco son más que suficientes) y solo trabajo en uno a la vez. En esta sección del plan semanal, reviso mi lista de objetivos del año y recuerdo en qué me estoy enfocando ahora mismo. Esto me ayuda a no tratar de hacer todo a la vez (el resto de las metas están ahí y finalmente recibirán la atención que merecen) y a asegurarme de que estoy caminando hacia el objetivo principal.

B. calendario mensual.

Durante la semana y al «neutralizar» mis bandejas de entrada habré colocado todas mis reuniones y fechas de entrega en mi calendario. Ahora es tiempo de revisar lo que viene en el mes. ¿Qué cosas debo tener en mente en las próximas semanas? ¿Y qué cosas debo preparar durante esta semana a fin de estar lista para cada reunión o fecha de entrega? Aquí simplemente tomo una hoja de papel y empiezo a anotar las cosas que debo tener en mente en los próximos siete días para olvidarme, por ahora, de todo lo demás.

C. proyectos.

En el capítulo 9 hicimos una distinción entre las tareas y los proyectos. Una tarea es cualquier actividad sencilla que puede completarse de una sola vez. Un proyecto es cualquier actividad que requiere más de dos tareas para completarse. Durante mi plan semanal me aseguro de revisar los *proyectos* en los que estoy trabajando para asegurarme de que estoy realizando *tareas* que mantengan en marcha cada uno de ellos. Una lista de proyectos en la parte de abajo de tu plan semanal puede ser suficiente. En este paso del plan semanal tomo la misma hoja de papel del punto anterior y anoto las tareas que debo llevar a cabo durante la semana para cada proyecto.

※ ※ ※

Es tu turno:

En tu documento del plan semanal, haz una sección para tus metas del año o de los próximos seis meses. Intenta que sean de tres a cinco metas, no más. Pueden ser cosas como «terminar un curso de inglés», «reorganizar los armarios de la casa» u «obtener un aumento en el trabajo». Asegúrate de que sean objetivos realistas para el espacio de tiempo que te estás dando.

Para mantenerte al tanto de tus reuniones y fechas de entrega, utiliza tu calendario con regularidad. No importa si sientes que tienes muy pocos compromisos. Es importante tener una guía visual de tu tiempo para que lo aproveches cada vez mejor. Si un calendario en papel no te funciona, prueba con uno digital, y viceversa. Asegúrate de que todas tus citas y plazos de entrega del próximo mes sean claramente visibles.

Haz una lista de tus proyectos en marcha ahora mismo y una lista de posibles proyectos futuros. La condición para que tus proyectos se consideren «en marcha» es que realices al menos una tarea a la semana que te lleve a completarlos. Si percibes que tienes demasiadas cosas en las manos, pasa algunos de tus proyectos a la lista de proyectos futuros. Recuerda que es mejor hacer pocas cosas bien que muchas mal. Concéntrate diligentemente en solo algunas cosas y, a largo plazo, verás que puedes hacer más y mejor.

Utiliza una hoja de papel para anotar todo aquello en lo que debes concentrarte durante la semana después de haber evaluado tus proyectos, compromisos y fechas de entrega.

❦ ❦ ❦

III. Planear.

7. Organizar tareas de la semana:

Ahora puedo ordenar todo lo que escribí en mi hoja de papel en la sección de evaluación. Pongo todas las tareas de la semana en mi aplicación de gestión de tareas, en distintos días de la semana. Si noto que son demasiadas cosas, paso lo menos urgente para la próxima semana. La capacidad de determinar qué tanto puedes hacer cada día se adquiere solo con la práctica; al principio siempre trataremos de hacer más cosas de las que tenemos tiempo y energía para hacer. Aquí es clave recordar que no debemos sentirnos mal por lo «poco» que podemos hacer. Es crucial abrazar nuestros límites —somos humanos, no robots— y hacer lo mejor que podamos con lo que tenemos.

8. Definir las prioridades de la semana:

Una vez que tengo todas mis tareas de la semana listas, elijo tres de ellas (máximo) que *sí o sí* deben completarse durante los próximos siete días. Las escribo en una nota adhesiva que coloco en un lugar visible. Estas tareas recibirán mi tiempo y atención primero que las demás. Una vez que haya cumplido con ellas, puedo concentrarme en lo demás. Usualmente son tareas difíciles pero importantes para avanzar con mis proyectos y metas. La tentación siempre será llenar mi día de tareas fáciles que no me ayudan a avanzar con mis objetivos, así que tener las prioridades de la semana en un lugar visible me ayuda a mantener los ojos en lo importante.

9. Hacer plan de comida:

Una vez que planee mis actividades de la semana, es hora de planear lo que va a comer mi familia. Hacer esto con anticipación me ahorra muchos dolores de cabeza durante la semana. No tengo que estar pensando cada día en qué vamos a comer. Preparo lo que puedo con anticipación (cortar verduras, congelar panqueques, hervir huevos, etcétera) y el resto lo hago en pequeños bloques de tiempo durante la semana.

10. Bloqueo de tiempo (opcional):

En ocasiones utilizo una técnica de productividad llamada «bloqueo de tiempo».* La idea es tomar las tareas del día, o al menos las más importantes, y asignarles un lugar en el calendario. Esto me ayuda a saber exactamente qué haré y cuándo lo haré. Solo bloqueo el tiempo en mi calendario con uno o dos días de anticipación, para ir respondiendo a los imprevistos y poder mover las tareas con libertad para más adelante en la semana si las cosas no salen como lo planeé.

---

* Aprendimos un poco sobre el bloqueo de tiempo en el capítulo 9.

Otra cosa que bloqueo en mi calendario es el tiempo de estudio. Como ya no estoy en la universidad, si quiero mantener el «hacha afilada» debo hacer tiempo para aprender de manera intencional. Coloco algunos bloques de tiempo en mi calendario en los que sé que puedo sentarme a ver alguna clase o leer materiales didácticos. Generalmente utilizo cursos virtuales gratuitos o libros de temas profundos. Sea lo que sea, selecciono y organizo el material con anticipación, para poder dedicarme a estudiar durante el tiempo asignado.

❦ ❦ ❦

Es tu turno:

Después que pasaste por la sección de «evaluar», debes tener una hoja de papel con las tareas en las que debes concentrarte durante la semana. Ordénalas en tu agenda o en tu aplicación de gestión de tareas. Trata de determinar cuánto tiempo te tomará cada cosa y distribuye las tareas en la semana poniendo atención a tu calendario. Si tienes muchas reuniones o mandados en un día, no esperes completar demasiadas tareas ese mismo día. Recuerda que el día solo tiene veinticuatro horas y no necesitas más.

Selecciona como máximo tres tareas que debes completar durante esta semana. Si hay más de tres tareas urgentes, debes volver a la parte II y evaluar tus proyectos, porque probablemente tienes demasiados compromisos. Establece cuándo completarás cada una de tus prioridades, y asegúrate de dejar un poco de espacio libre para cualquier imprevisto.

Si eres responsable de alguna actividad continua (como hacer la comida) asegúrate de planear qué vas a hacer durante la semana y de preparar con anticipación todo lo que puedas.

Trata de encontrar espacio en tu calendario para alguna actividad que fortalezca tu cuerpo o mente (leer, hacer ejercicio, asistir a un taller, hacer manualidades, etcétera). No te abrumes intentando hacerlo todos los días. Tampoco tienen que ser periodos demasiado extensos, veinte minutos son muy buenos para empezar. Unos dos espacios durante la semana pueden ser muy provechosos. Si es necesario, pide ayuda para poder tener ese tiempo.

Mira tu calendario y lista de tareas. ¡Ya tienes tu plan de acción para la semana!

🙂 🙂 🙂

Notas finales

- **Dale tiempo:** Apartar una hora a la semana solo para planear puede parecer demasiado, pero es una de las mejores inversiones que puedes hacer. El experto en productividad Brian Tracy dice que por cada minuto que inviertas en planear te ahorrarás diez minutos al ejecutar. Aunque no es una ciencia exacta, puedes estar seguro de que cada momento que pases planeando es un momento bien invertido.

  Dicho esto, es importante que tengas paciencia. No esperes diseñar un plan semanal, implementarlo una vez, y que tu vida se revolucione por completo.

Plan semanal

asegúrate de mantenerlos en un lugar visible para seguir caminando en la dirección correcta

I. Neutralizar

· _____

· _____

· _____

· _____

horizonte

metas

proyectos

II. Evaluar

· _____

· _____

· _____

· _____

Prioridades de la semana

1.

2.

3.

las tareas más importantes que contribuyen al avance de tus proyectos

III. Planear

· _____

· _____

· _____

otros proyectos

·

·

·

·

completa esta lista para tener tu plan de acción para la próxima semana

proyectos adicionales (personales y laborales)

Como aprendimos antes, la productividad es cuestión de carácter. Estrategias como el plan semanal pueden ayudarnos, pero no pueden transformarnos de la noche a la mañana. Al principio te verás abrumado por todos los documentos y correos electrónicos que tienes sin organizar. Tal vez batallarás para poner en orden tu calendario y no tendrás idea de cómo seleccionar tus prioridades. Todo esto mejora con la práctica. Pero tienes que perseverar.

Dale tiempo al plan semanal. Ve ajustando la lista de pasos cada semana, agregando o eliminando pasos según lo necesites. Si llega el miércoles y no has logrado nada, tómate un tiempo para reajustar y seguir adelante. ¡No te rindas!

- **No te frustres por lo que no puedes hacer:** Es común que las personas que tienen muy poco control sobre sus calendarios (por ejemplo, las mamás de niños pequeños) sientan que no es posible organizarse. Esto no es así. Si bien es cierto que la maternidad nos obliga a ser más flexibles con nuestro tiempo, esto no significa que no podamos planear nada.

  Si tus horarios son impredecibles, el simple hecho de tener tus proyectos en mente, con sus respectivas tareas para completarlos, te ayudará a saber qué hacer cuando tengas el tiempo de hacerlo. Quizá no sabes exactamente cuándo tu hijo te permitirá tener un tiempo para leer, pero si planeas con anticipación tu lectura de la semana, estarás lista para ejecutar y seguir tu lectura en cuanto tu pequeño te dé un rato libre.

  Planear, aunque sea un poco y con mucho espacio para la flexibilidad, siempre será mejor que no planear y pasar la vida resolviendo urgencias.

- **Asegúrate de tener tus herramientas a la mano durante la semana:** Es común emocionarnos con una nueva agenda y después de unos días olvidarnos de ella para encontrarla en noviembre empolvada en una esquina de la habitación. No dejes que eso suceda con tu plan semanal. Para que funcione, debes revisarlo con regularidad.

  Ten tu plan semanal, tu calendario y tu lista de tareas en un lugar fácilmente accesible para ti. Crea un «hogar» para estas herramientas en tu dispositivo o en tu escritorio. Si es necesario, crea recordatorios en tu móvil para revisar el plan cada mañana y cada noche.

- **Si tu plan falla, no te derrumbes. Ajusta y sigue adelante:** El plan semanal no está escrito en piedra. Aunque la idea es que te apegues todo lo que puedas a tu plan, las cosas pasan y no siempre se puede. A veces es nuestra culpa (como cuando no tienes ganas de trabajar y terminas viendo dos horas de videos en Internet) y a veces no (como cuando hay una emergencia familiar). Arrepiéntete de lo que tengas que arrepentirte, agradece a Dios por su gracia, y sigue adelante. Si es necesario hacer ajustes a tu plan para los próximos días, hazlo. Si necesitas tomarte unos días de descanso verdadero (no de pereza), ¡adelante! Pero hagas lo que hagas, no te quedes en el suelo.

🙚 🙚 🙚

PARA REFLEXIONAR:

1. ¿Ya has intentado planear tus actividades con anticipación? ¿Cómo es una semana que ha sido planeada en contraste con una que no lo fue?

2. ¿Cómo respondes cuando las cosas no van de acuerdo con tu plan? ¿Te frustras y te rindes? ¿O ajustas cuando es necesario?

PARA ACTUAR:

* Diseña tu propio plan semanal. Puede tener los pasos que tú quieras, pero incluye las tres secciones introducidas en el capítulo: neutralizar, evaluar y planear. Pruébalo durante al menos tres meses, ajustando según sea necesario.

12

APROVECHA TU DÍA

«La manera en que pasamos nuestros días es, por supuesto, la manera en que pasamos nuestra vida».[1]

ANNIE DILLARD

Cada día de nuestras vidas es un paso en la carrera de la fe. La manera en que invertimos nuestro tiempo reflejará dónde está nuestro corazón. Sin importar lo cotidianas que sean nuestras actividades, podemos realizarlas para la gloria de Dios y el bien de los demás.

Ya hemos hablado de cómo diseñar el camino hacia el horizonte al que tu vida se dirige ahora mismo. También vimos cómo organizar tu semana para asegurarte de que estás siguiendo el camino que diseñaste. Lo único que queda es actuar. Esto es lo más sencillo y al mismo tiempo lo más difícil. Nos gusta soñar, pero cuando estamos en la realidad del día a día, se nos olvida que cada acción que realizamos es un paso en la dirección de ese sueño.

Estas son algunas de las cosas que debes tener en mente para aprovechar al máximo tu día.

LA NOCHE ANTERIOR

Un día productivo empieza la noche anterior. Recuerdo que, cuando mis hermanas y yo éramos pequeñas, una de las cosas más importantes de la rutina de nuestra casa era dejar nuestros uniformes preparados para el día siguiente. Cada noche dedicaba una media hora a asegurarme de que mi ropa estuviera limpia y planchada, los zapatos relucientes y la mochila lista con todos mis útiles escolares. Asegurarme cada noche de que tengo preparado todo lo que necesito el día siguiente es un hábito que conservo hasta hoy. No importa la edad que tengas, definitivamente eso hace las mañanas menos caóticas. Vale la pena que, mientras lavas tus dientes o guardas los platos de la cena, pienses en cosas sencillas que necesitas temprano el día siguiente y que puedes dejar listas en ese mismo momento. Quizá quieres salir a caminar. ¿Por qué no dejas tus zapatos deportivos junto a la puerta? Tal vez quieres leer un rato. Podrías dejar el libro sobre el sofá y la cafetera programada. Si quieres tener un tiempo devocional, ten tu Biblia y diario de oración listos en la mesa del comedor.

Otra cosa que puedes hacer antes de ir a dormir es revisar tus tareas del día siguiente y pensar un poco en cómo vas a completarlas. Si elaboraste tu plan semanal,*

---

* Ver capítulo 11.

ya sabes exactamente qué tareas debes estar cumpliendo cada día. En dependencia de qué tan estricto desees ser con tu horario, puedes hacer un bloqueo de tiempo completo en tu calendario* o simplemente elegir la prioridad de tu lista y disponer las primeras horas de la mañana para realizarla.

Por último, nota cuáles de tus tareas requieren mucha energía mental (leer, escribir, resolver cálculos, diseñar, preparar reportes, enseñar) y cuáles requieren poca energía mental (responder correos, hacer llamadas, limpiar, organizar papeles, reuniones, hacer mandados). Esta distinción es útil para cuando llegue algún momento del día en el que te sientas cansado pero debas seguir trabajando.

En resumen:

- Antes de ir a la cama, prepara todas las cosas que necesitarás temprano en la mañana.

- Antes de ir a la cama, revisa tu lista de tareas para el día siguiente. Identifica aquellas que demandan alta o baja energía, así como tus prioridades.

❦ ❦ ❦

---

* Ver capítulo 9.

AL EMPEZAR EL DÍA

Muchos vivimos respondiendo a lo urgente porque no nos detenemos a reflexionar en lo importante. Tu alarma puede ser una excelente herramienta para luchar contra la tendencia a simplemente reaccionar frente a los acontecimientos de la vida: uno de los cambios más sencillos pero significativos que puedes hacer a tu rutina diaria es levantarte antes de que *tengas* que levantarte. En lugar de salir cada día a las carreras para ganarle al tráfico o ser despertado por un niño en pleno llanto, ve a dormir un poco más temprano y configura tu alarma antes de lo acostumbrado. La idea es crear un espacio de tranquilidad diario antes de iniciar tus actividades cotidianas. No tiene que ser muy extenso; quince minutos son suficientes para empezar. Una vez que te acostumbres a levantarte un poco más temprano puedes ir extendiendo este espacio hasta llegar a cuarenta y cinco minutos o una hora si lo deseas.

¿Qué puedes hacer durante este espacio? Bueno, dependerá del tiempo que tengas. Algunos expertos en productividad recomiendan diseñar una rutina para tu mañana que incluya cosas como ejercicio, lectura, escribir en un diario, hidratación y más. Todo esto puede ser muy bueno, pero también muy abrumador. No necesitas una rutina de diez pasos para empezar tu día con el pie derecho. Yo recomiendo que empieces con un par de cosas muy sencillas: tus disciplinas espirituales, y tu revisión del plan semanal y tus tareas diarias.

La mañana no es más espiritual que la tarde. Es cierto que en las Escrituras leemos sobre la belleza de buscar temprano a Dios (Salmos 119:147; Marcos 1:35), pero también vemos que Jesús mismo oraba por la tarde y por la noche (Mateo 14:23; Lucas 6:12). En la Biblia no encontramos instrucciones específicas de que debes hacer tu devocional por las mañanas,* pero si deseas hacerlo, el espacio de tranquilidad que has preparado antes de tus actividades cotidianas es el momento ideal.

Con todo, aunque prefieras usar la tarde para el estudio de la Biblia y la oración, no pierdas la oportunidad de dedicar tus actividades al Señor en las primeras horas de la mañana. Reflexiona sobre los retos que podrían venir durante el día —en el trabajo, la escuela, con los niños o en cualquier área de tu vida— y pídele al Señor que te dé sabiduría para enfrentarlos.

Piensa en cómo son tus mañanas. ¿Qué puedes hacer para empezar el día con un poco más de organización? Identifica la hora en la que es preciso que te levantes para iniciar tus actividades y configura una alarma para despertar al menos quince minutos antes de ese momento.

Para algunas personas levantarse temprano es más difícil que para otras. Eso está bien. No tienes que convertirte en un completo madrugador para ser una persona productiva. La idea es simplemente que empieces el día con un poco de quietud para reflexionar en las tareas que te toca completar. Si solo logras levantarte cinco minutos antes de que inicien tus labores, aprovéchalos. En lugar de despertar y mirar el móvil, pasa ese tiempo en tranquilidad y pide

* Para más información sobre cómo tener un tiempo devocional, mira mi artículo para Coalición por el Evangelio, https://www.coalicionporelevangelio.org/articulo/puedo-devocional-coalicionresponde/.

sabiduría para aprovechar al máximo el nuevo día que se te ha regalado.

En resumen:

• Configura tu alarma para poder tener un tiempo de tranquilidad por la mañana.

• Cada mañana invierte unos minutos en oración y reflexiona sobre lo que quieres lograr ese día.

🐾 🐾 🐾

DURANTE EL DÍA

Es hora de actuar. La mejor manera de hacerlo es recordando que todo tiene su tiempo. Conforme vayas utilizando con más regularidad tus herramientas de productividad, más podrás descansar en la realidad de que no necesitas preocuparte por las cosas que no estás haciendo ahora mismo, porque has planeado bien y les has designado su tiempo específico más adelante.

Procura realizar una tarea a la vez y no saltar de una cosa a otra. Si algo te está costando mucho trabajo, intenta dividirlo en tareas mucho más sencillas. Por ejemplo, en vez de «estudiar el capítulo 5» podrías: (1) abrir el libro, (2) leer dos párrafos, (3) escribir la idea más importante, (4) leer otros dos párrafos, (5) hacer tres notas en el texto, etcétera. Si no te sientes motivado para hacer algo, no caigas en la trampa de querer esperar a «tener ganas» para actuar. Reconoce que te falta motivación y que no necesitas estar motivado para tener la capacidad de hacer algo. Aléjate un momento (toma un vaso de agua, camina cinco minutos en el exterior, haz una oración) y regresa con los ojos fijos en la meta.

Si puedes, programa tus tiempos de descanso. Es fácil que el receso de quince minutos se convierta en una hora de estar viendo videos o perdiendo tiempo en las redes sociales. Asigna momentos específicos para alejarte de tus tareas y procura que lo que hagas en ese tiempo sea algo que realmente te llene de energía. Come algo sano, estírate, toma una siesta, toma agua o lee algo constructivo. Mientras mejor nutras tu mente, más energía tendrás para realizar tus actividades de la mejor manera.

Recuerda identificar tus picos de energía. ¿Funcionas mejor por la mañana, por la tarde o por la noche? Intenta colocar tus tareas creativas y demandantes en los espacios de tiempo en los que te sientes más despierto y en los que es menos probable que seas interrumpido. Si tienes niños en casa, por ejemplo, no intentes leer mientras ellos están encima de ti y limpiar cuando ya se fueron a la cama. Adelanta lo más que puedas de la limpieza mientras ellos están despiertos y aprovecha los tiempos de paz para hacer cosas que necesitas hacer sin interrupciones.

¿Qué hacemos cuando nuestro plan se arruinó por nuestra procrastinación? Seguimos adelante. No nos derrumbamos. Podemos tomarnos un rato para llorar, pero no debemos quedarnos en el suelo. Todos caemos en espirales de pereza y procrastinación. Las personas productivas se recuperan lo más rápido que pueden. Las personas improductivas se lamentan y siguen cayendo. Dejar que todo el día se vaya a la basura solo porque algunas cosas no salieron como esperábamos es el equivalente a comernos una caja entera de galletas solo porque comiste una galleta después de haber empezado una dieta saludable. El mundo no terminará. No es necesario tirar el resto de tu día por el drenaje. Cuando estoy en esa situación, puedo sentir que soy un fracaso y que no tengo remedio, pero esto no es cierto. No tengo que resolver todo hoy. Solo tengo que respirar profundo y dar un pequeño paso en la dirección correcta.

Si te sientes demasiado abrumado por tus actividades, prueba sentarte a escribir en un pedazo de papel todas las cosas que tienes en mente. Sea lo que sea. Pequeña o grande. Pendiente de trabajo o emoción irracional. No dejes de escribir hasta que veas en el papel cada uno de esos pensamientos que te aplastan. Hay cosas en tu lista que no podrás remediar. Quizá es algún asunto que ya pasó o decisiones que están fuera de tu control. Suena tonto, pero tacharlas de tu lista te puede dar el sentido de finalización que necesitas para concentrarte en lo que sí puedes resolver.

Después, identifica lo que verdaderamente importa. Cuando estoy abrumada, en mi cabeza todo parece urgente. Pero cuando lo pongo en el papel me doy cuenta de que hay cosas que puedo dejar para más adelante. No tengo que trabajar en todo al mismo tiempo. Es mejor concentrarme en una cosa y luego seguir con lo demás.

Ahora que sabes que los asuntos que te abrumaban están en un lugar seguro y no vas a olvidarlos, puedes dejarlos a un lado temporalmente. Revisa la lista otra vez en tu

Aprovecha tu día

próxima sesión del plan semanal. En este momento concéntrate solo en lo que verdaderamente importa ahora mismo.

Por último, no olvides disfrutar lo que estás haciendo. Quizá solo tienes mil monedas, quizá tu trabajo no es tu favorito, quizá tu familia no agradece todo lo que haces. Trabajar en un mundo caído es doloroso. Sin embargo, en medio de cualquier dificultad, podemos descansar en que vivimos para honrar a un Dios bueno, que ve cada uno de nuestros esfuerzos y —aun cuando son imperfectos— los utiliza para su gloria y el bien de nuestro prójimo. Cada día, por ordinarias que pensemos que son nuestras actividades, Dios las está usando para restaurar al mundo y mostrar a las naciones quién es él. Pídele a Dios un corazón que pueda disfrutar aun de lo cotidiano. Pídele ojos para ver tus labores como él las ve.

En resumen:

- Enfócate en una cosa a la vez.

- Divide las tareas complejas en tareas sencillas.

- Toma descansos productivos.

- Aprovecha tus picos de energía.

- Recupérate pronto.

- Pon en papel lo que te abruma.

- ¡Disfruta!

183

AL FINAL DEL DÍA

Has terminado con tus labores, ¡felicitaciones! Seguro estás agotado y lo único que deseas es un merecido descanso. Definitivamente, lo necesitas. Pero hazle un favor a tu «yo» del futuro: para reposar bien tendrás que esforzarte un poco.

Todo tiene su tiempo, incluyendo el descanso. Y tu tiempo de descanso no es tiempo de descanso si estás preocupándote por todas las cosas que debes hacer al día siguiente. Estos sentimientos disminuirán conforme aprendas a utilizar tus herramientas de productividad y te acostumbres a revisar tu plan semanal con regularidad. Sin embargo, aun cuando hagamos todas estas cosas, es común vernos tentados a preocuparnos por el futuro y por todo lo que debemos hacer. Cuando esto me sucede, procuro recordar las palabras de Salmos 127:

> Si el Señor no edifica la casa,
>> en vano se esfuerzan los albañiles.
> Si el Señor no cuida la ciudad,
>> en vano hacen guardia los vigilantes.
> En vano madrugan ustedes,
>> y se acuestan muy tarde,
> para comer un pan de fatigas,
>> porque Dios concede el sueño a sus amados.
> (vv. 1-2)

Descansar es un acto de fe. Es encarnar la realidad de que el éxito de mi trabajo no depende de mí. Lo que el empresario cristiano desea es que el Señor edifique su negocio. Lo que la madre cristiana desea es que el Señor cuide a su familia. Nosotros podemos esforzarnos y hacer nuestra parte para cumplir con diligencia el trabajo que el Señor nos ha encomendado. Pero también podemos descansar sabiendo que él es quien nos concede el sueño. De nada sirve fatigarme si el Dios del universo tiene todo bajo control.

Podemos esforzarnos y podemos descansar. Cuando descanses, hazlo esforzándote por evitar el reposo falso que ofrece este mundo superficial. Cuando te esfuerces, hazlo descansando en que el peso del mundo no está sobre tus hombros.

Así que, cuando termines de trabajar, deja de trabajar. Desconéctate del correo electrónico y de los quehaceres de la casa (ninguno de los dos tiene fin), y enfócate en disfrutar el sueño que el Dios que te ama te concede.

En resumen:

- Cuando termines de trabajar, deja de trabajar.

- Ordena con rapidez tu área de trabajo, de modo que así esté lista para tus labores de mañana.

- Esfuérzate por descansar verdaderamente en el Señor.

🙵 🙵 🙵

PARA REFLEXIONAR:

1. ¿Cómo son tus mañanas? ¿Tienes tiempo de tranquilidad o siempre son caóticas? Si es lo segundo, ¿qué puedes hacer para mejorar un poco tu situación?

2. ¿Cómo reaccionas cuando se derrumban tus planes?

3. ¿Te cuesta trabajo desconectarte de tus labores cuando es tiempo de descansar? ¿Por qué? Piensa en algunos ajustes sencillos que pudieras implementar para cambiar esto.

PARA ACTUAR:

* Coloca un recordatorio llamado «prepararme para mañana» en tu teléfono. Prográmalo para que se active treinta minutos antes de tu hora de dormir. Haz una lista breve de cosas que deberías preparar cada noche.

Algunas ideas:

- Biblia.
- Café.
- Ropa deportiva.
- Uniforme.
- Bolso.
- Agenda.

PALABRAS FINALES

Esto es solo el comienzo. Nuestro tiempo en la tierra es solo un instante comparado con la eternidad. Aquí nuestro trabajo está manchado por el pecado y estorbado por los cardos y espinas de un mundo quebrantado. Por mucho que disfrutemos nuestras labores, estas son solo un preámbulo a la gloriosa vida de trabajo y descanso que tendremos en la eternidad con Cristo. En él fijamos nuestros ojos mientras corremos la carrera de la fe. En él fijamos nuestros ojos mientras trabajamos para cumplir la misión que nos ha entregado.

Aprovechar bien el tiempo es vivir bajo la realidad de lo que ya somos en Jesucristo. Nos hemos propuesto buscar sabiduría cada día para caminar siendo «imitadores de Dios como hijos amados; [andando] en amor así como también Cristo [nos] amó y se dio a sí mismo por nosotros» (Efesios 5:1-2a, NBLA). Posiblemente esto significará algunas veces trabajar más duro y otras detenerse y descansar. A veces significará decir «sí» y en otras ocasiones tendremos que decir «no». Quizá significará enfocarnos en resolver un problema y otras veces enfocarnos en jugar. Podrá significar organizar con cuidado nuestro calendario o tal vez dejarlo completamente libre.

La sabiduría para vivir aprovechando bien el tiempo no está escondida. No es para unos cuantos. La sabiduría para vivir aprovechando bien el tiempo está disponible para todo aquel que clame por ella; si la pedimos con fe, Dios promete otorgárnosla (Proverbios 1:20-25; Santiago 1:5-8).

Este es nuestro llamado: «"Despierta, tú que duermes, y levántate de entre los muertos, y te alumbrará Cristo". Por tanto, tengan cuidado cómo andan; no como insensatos sino como sabios, aprovechando bien el tiempo, porque los días son malos» (Efesios 5:14-16, NBLA).

Sí, los días son malos.

Pero no por mucho tiempo.

Aprovechemos el que nos queda.

AGRADECIMIENTOS

A: Dios
  Uriel y Judá
  Cecy, Carlos, Fer y Karla
  Iglesia Reforma
  Cris Garrido
  Jairo Namnún
  Cole Brown
  Pepe Mendoza
  Carol de Rossi
  Aixa de López
  Valia Lima
Gracias.

NOTAS

1. Un llamado para todos

1. C. S. Lewis, *Cartas del diablo a su sobrino* (Nueva York, NY: HarperOne, 2006), p. 21.
2. Tim Challies, *Haz más y mejor* (El Paso, TX: Editorial Mundo Hispano, 2017), p. 17.
3. Matt Perman, *What's Best Next* (Grand Rapids, MI: Zondervan, 2014), p. 14.

2. Por amor a Dios y a los demás

1. Agustín de Hipona, *Confesiones*, Libro I, Capítulo 1.
2. Timothy Keller, *La respuesta del espejo* (Buenos Aires: Peniel, 2013), p. 43.

3. Una cuestión de carácter

1. Simon Van Booy, «The Writer's Toolkit», Skillshare, https://www.skillshare.com/classes/The-Writers-Toolkit-6-Steps-to-a-Successful-Writing-Habit/1072824603.
2. Matt Perman, *What's Best Next* (Grand Rapids, MI: Zondervan, 2014), p. 43.
3. Kevin DeYoung, *Haz algo*. Poiema Publicaciones, 2020.
4. John M. Frame, *Nature's Case for God* (Bellingham, WA: Lexham Press, 2018), p. 75.

4. Tiempo

1. Donald S. Whitney, *Disciplinas espirituales para la vida cristiana* (Tyndale House Publishers, Inc., 2016), p. 182.

5. Límites

1. Jen Wilkin, *Nadie como Él*. Poiema Publicaciones, 2019, p. 23.

6. Decisiones

1. Kevin DeYoung, *Haz algo*. Poiema Publicaciones, 2020.
2. Agustín de Hipona, *Confesiones*, Libro V, capítulo 8.

7. Enfoque

1. Laura Mcguinness, «We Can't Help Walking In Circles», NewScientist, 21 agosto 2009, https://www.newscientist.com/article/dn17658-we-cant-help-walking-in-circles/.
2. R. C. Sproul, *The Consequences of Ideas* (Wheaton, IL: Crossway Books, 2018), p. 31.
3. Cal Newport, *Enfócate* (Paidós, 2017), p. 17.
4. James Clear, *Hábitos atómicos* (Ciudad de México: Paidós, 2019), p. 121.
5. C. S. Lewis, *Cartas del diablo a su sobrino* (Nueva York, NY: HarperOne, 2006), p. 63.

8. Hábitos

1. James Clear, *Hábitos atómicos* (Ciudad de México: Paidós, 2019), p. 28.
2. Ibíd., p. 55.
3. J. I. Packer, *Caminando en sintonía con el Espíritu* (Barcelona: Publicaciones Andamio, 2017), p. 160.
4. David Mathis, *Hábitos de gracia* (Ellensburg, WA: Proyecto Nehemías, 2019).
5. Donald S. Whitney, *Disciplinas espirituales para la vida cristiana* (Tyndale House Publishers, Inc., 2016), p. 5.

9. Herramientas

1. David Allen, *Organízate con eficacia* (Barcelona: Empresa Activa, 2017).

10. Alinea tu vida

1. John Piper, *No desperdicies tu vida* (Grand Rapids, MI: Editorial Portavoz, 2011), p. 49.

11. Planea tu semana

1. Resoluciones de Jonathan Edwards. https://www.avivanuestros corazones.com/articles/las-70-resoluciones-de-jonathan-edwards/.
2. James Clear, *Hábitos atómicos* (Ciudad de México: Paidós, 2019), p. 91.

12. Aprovecha tu día

1. Annie Dillard, *The Writing Life* (HarperCollins Publishers, 2009), p. 27.